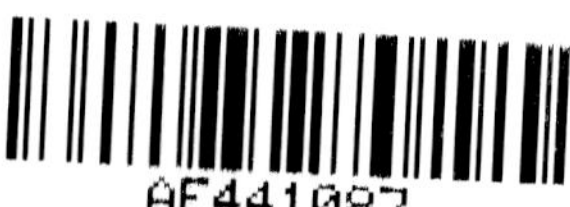
AF441087

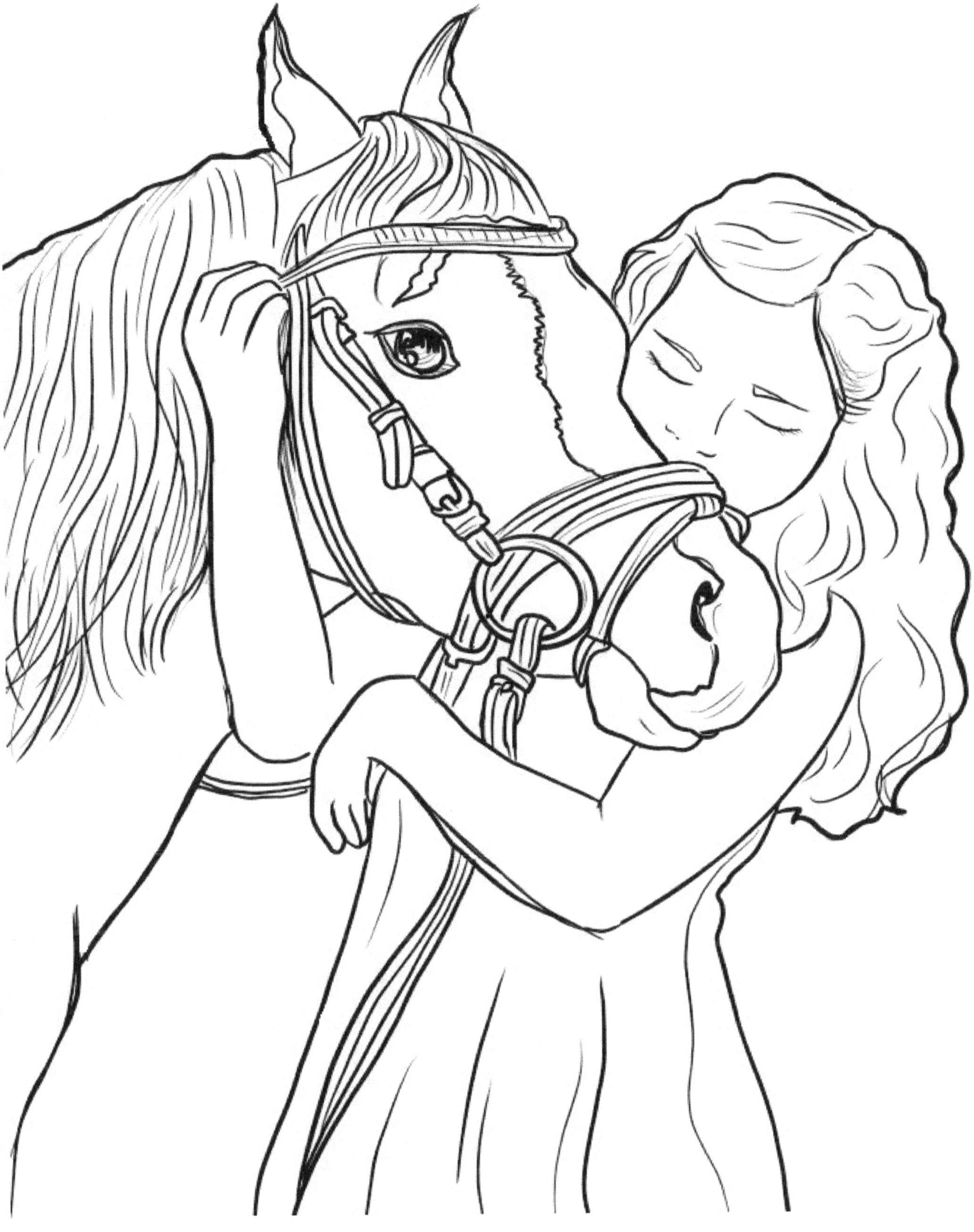

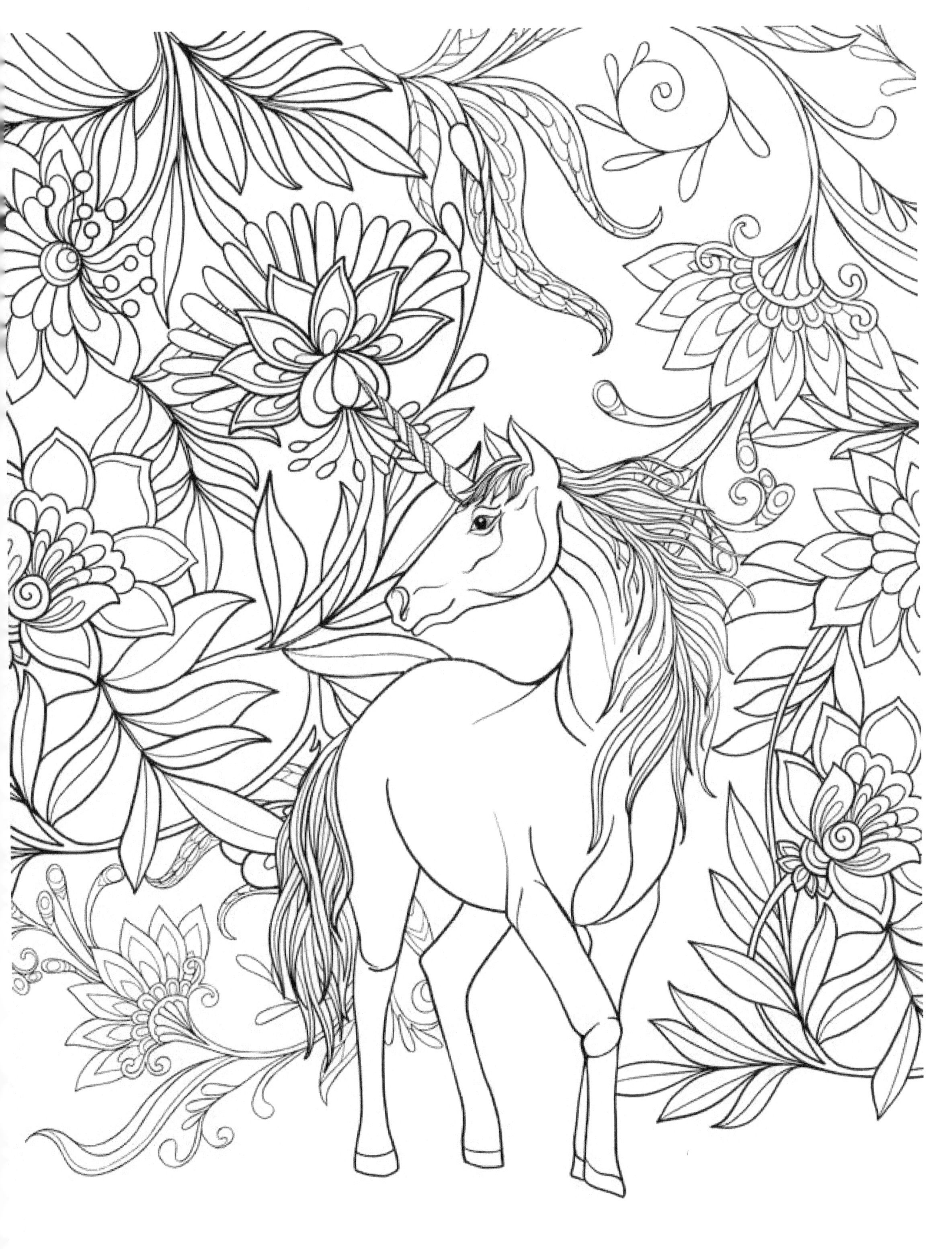

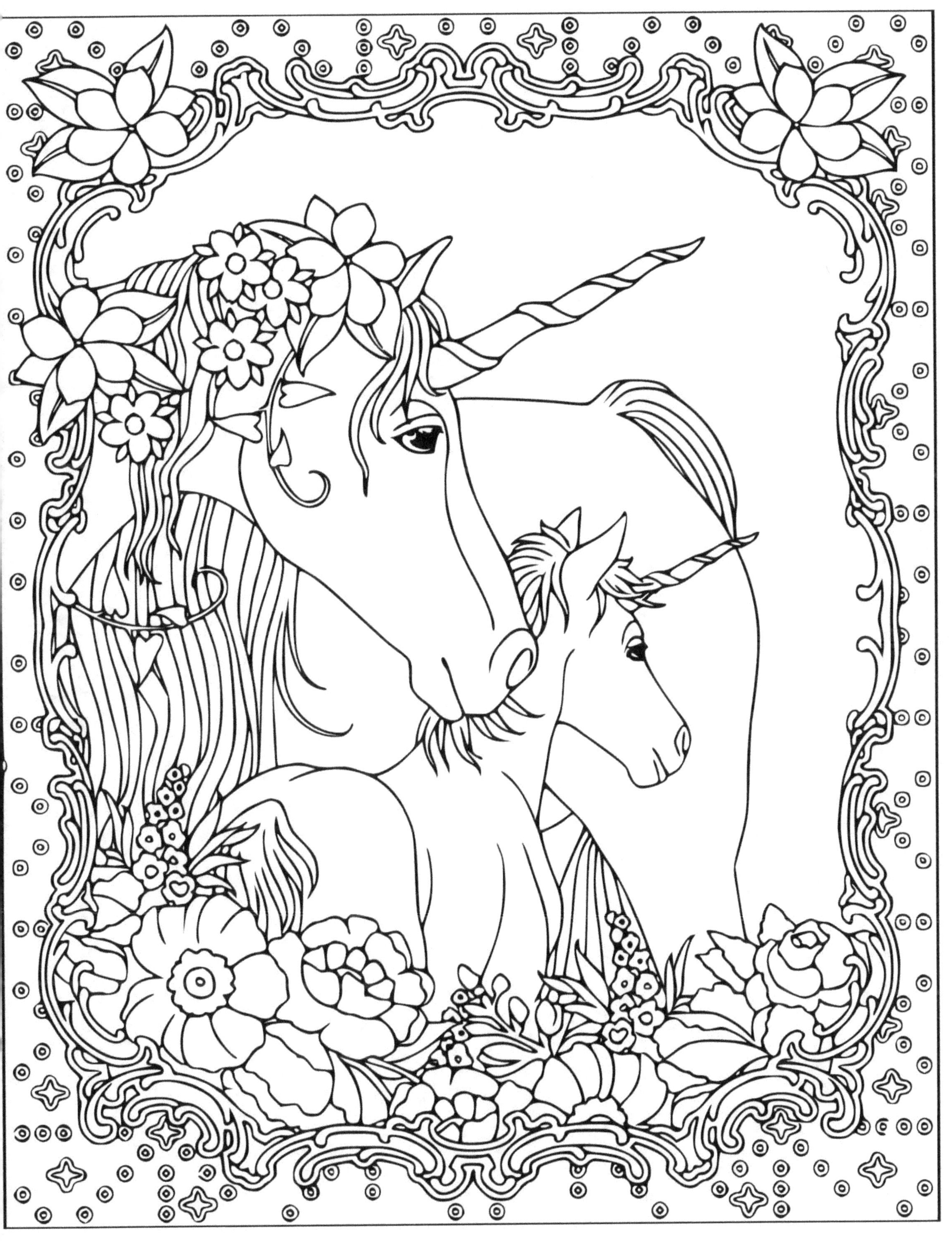

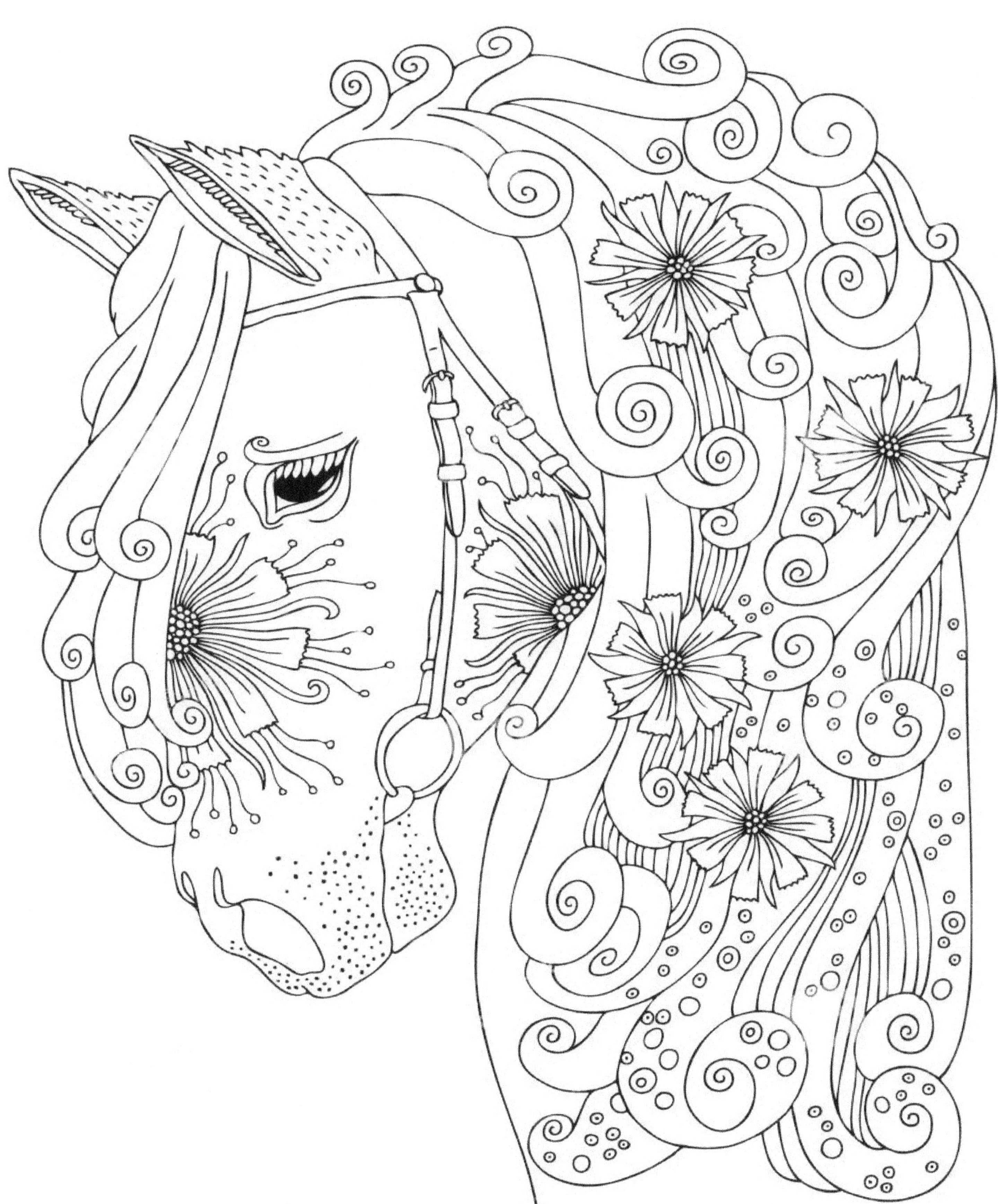

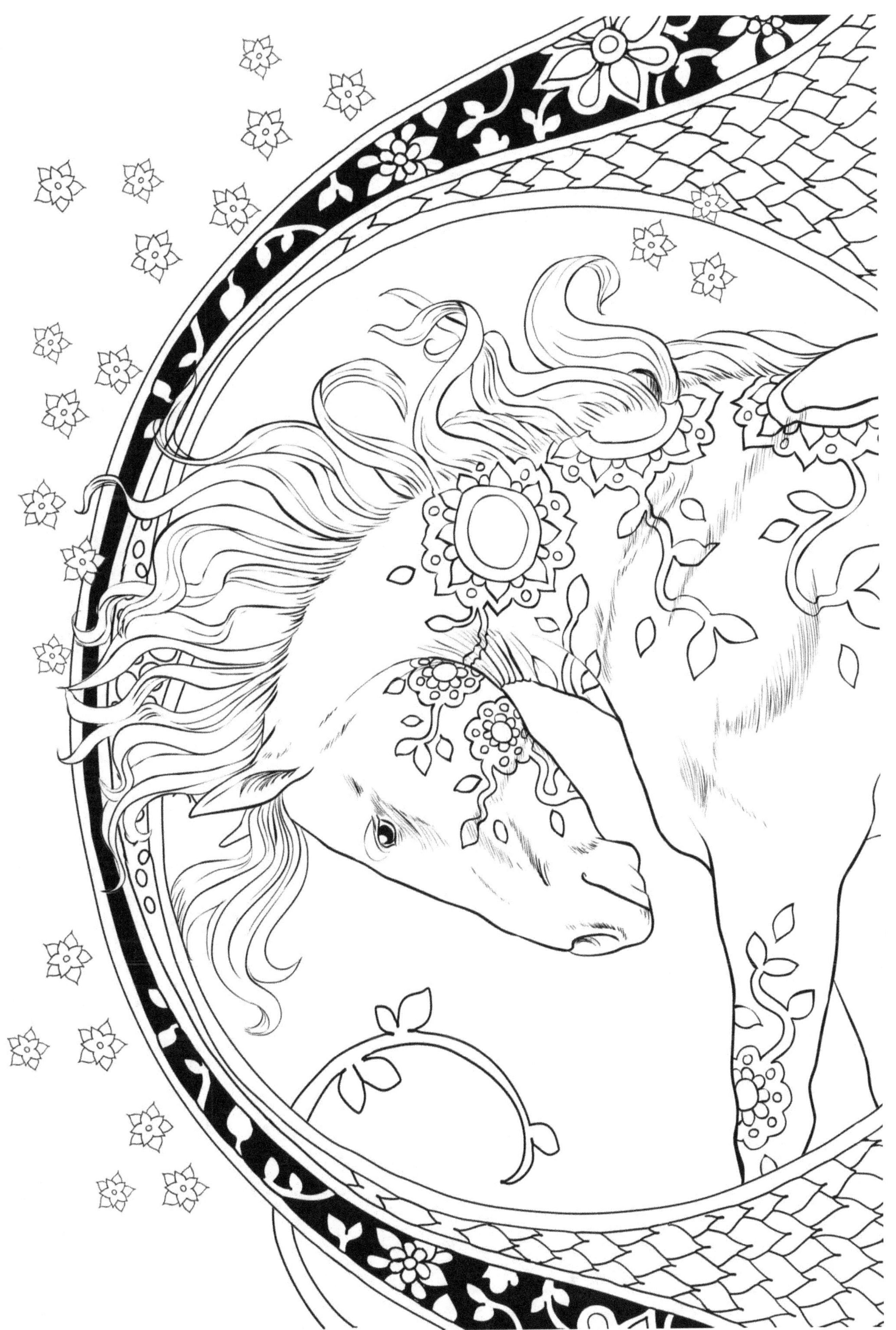

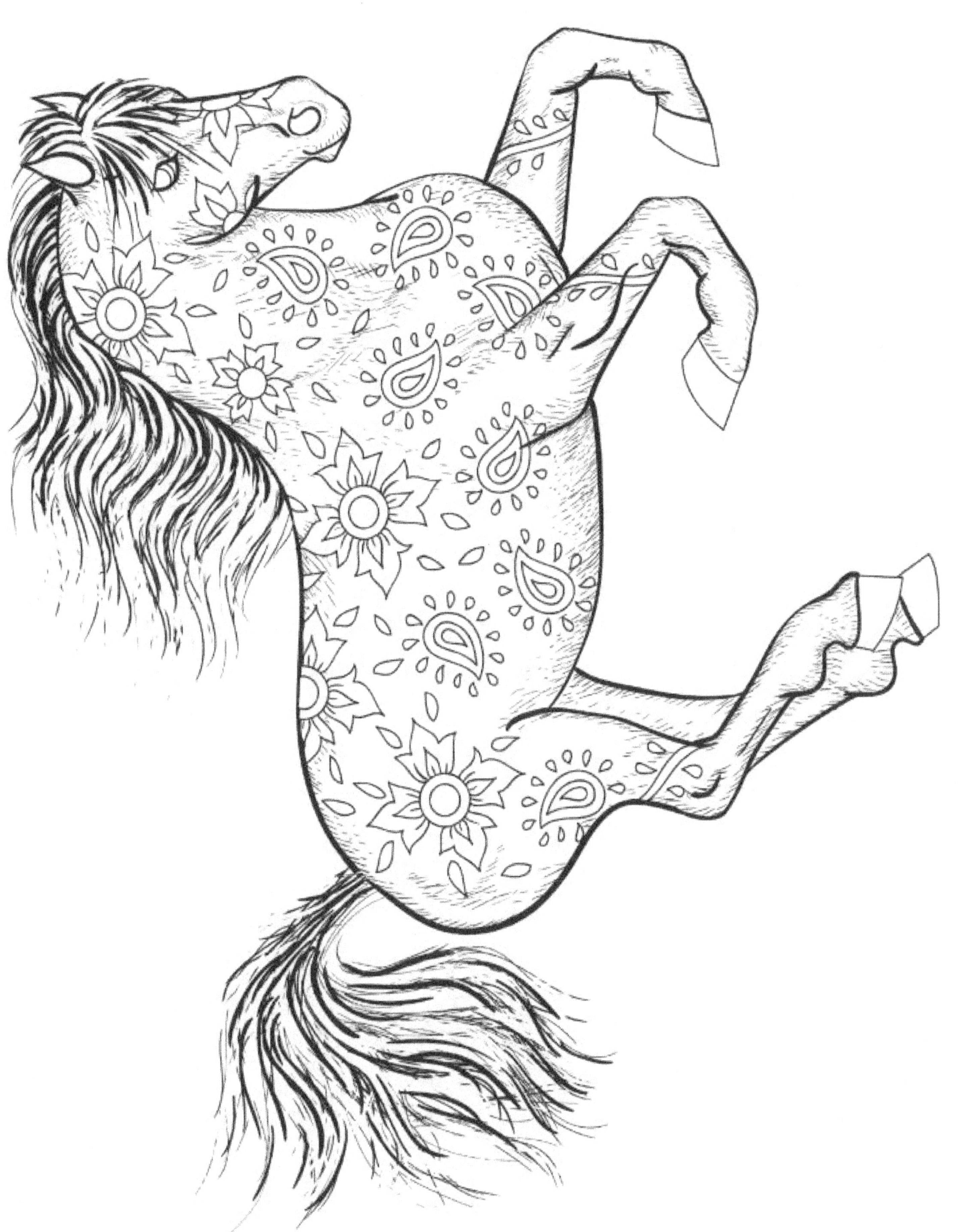

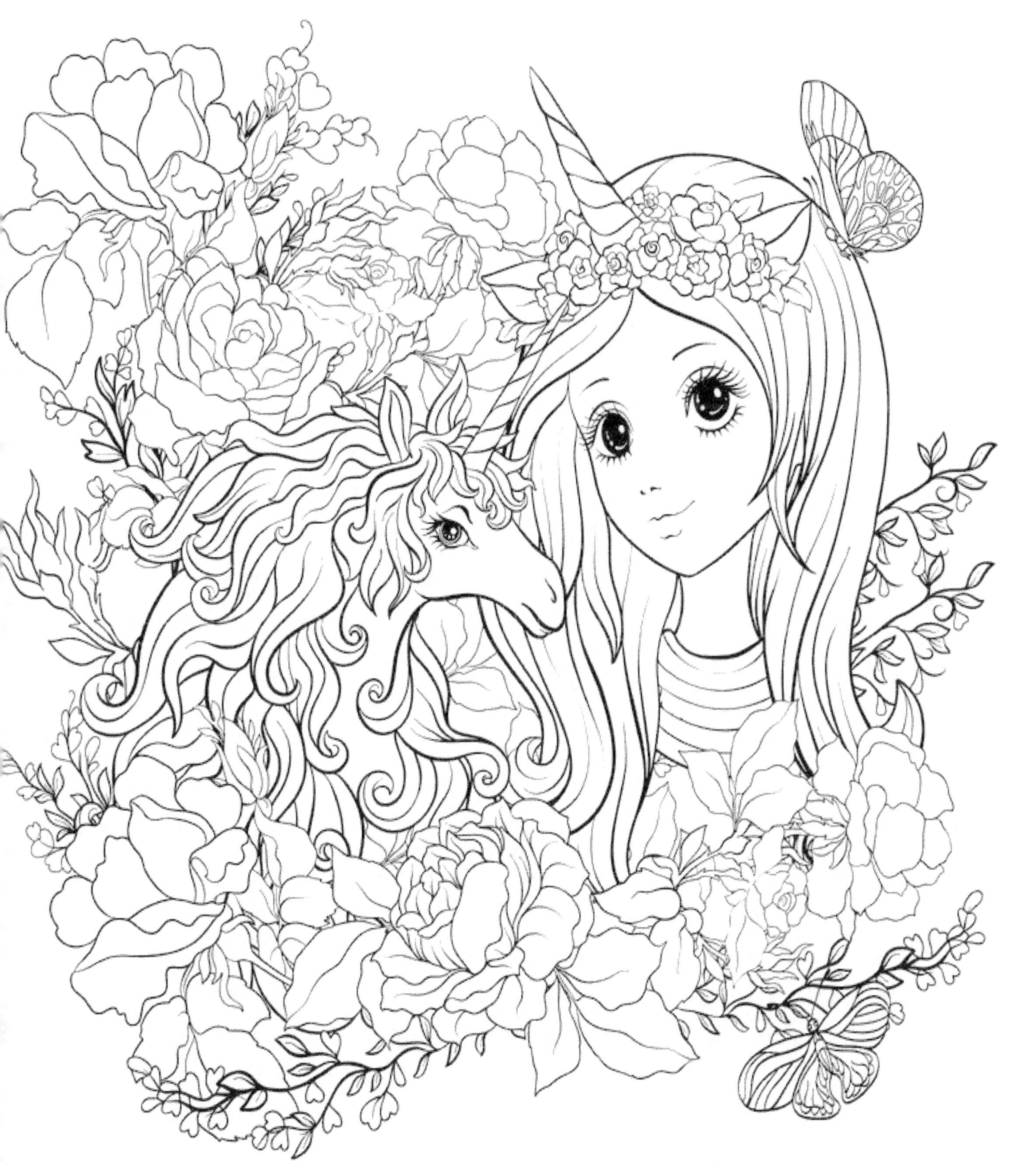

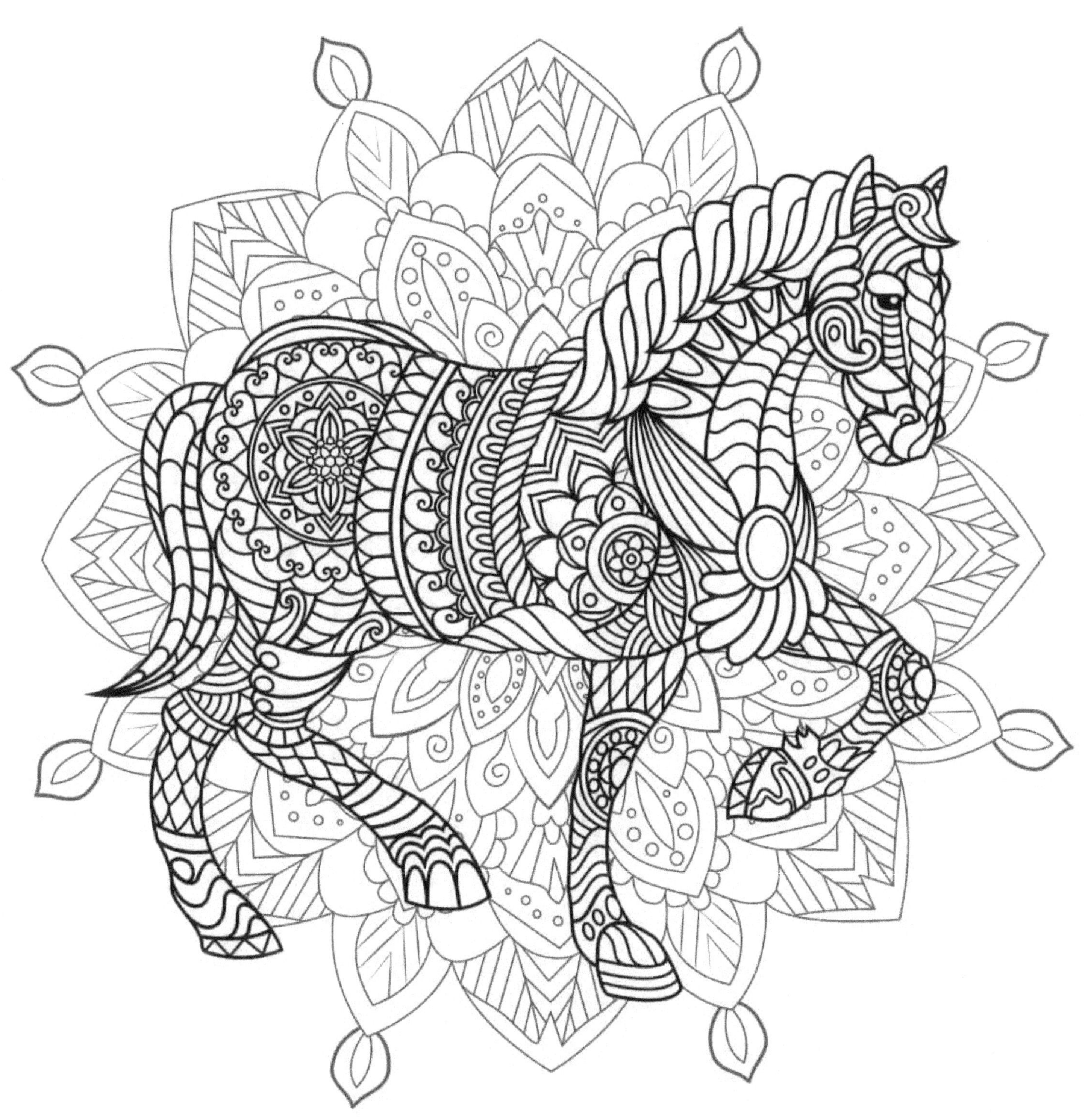

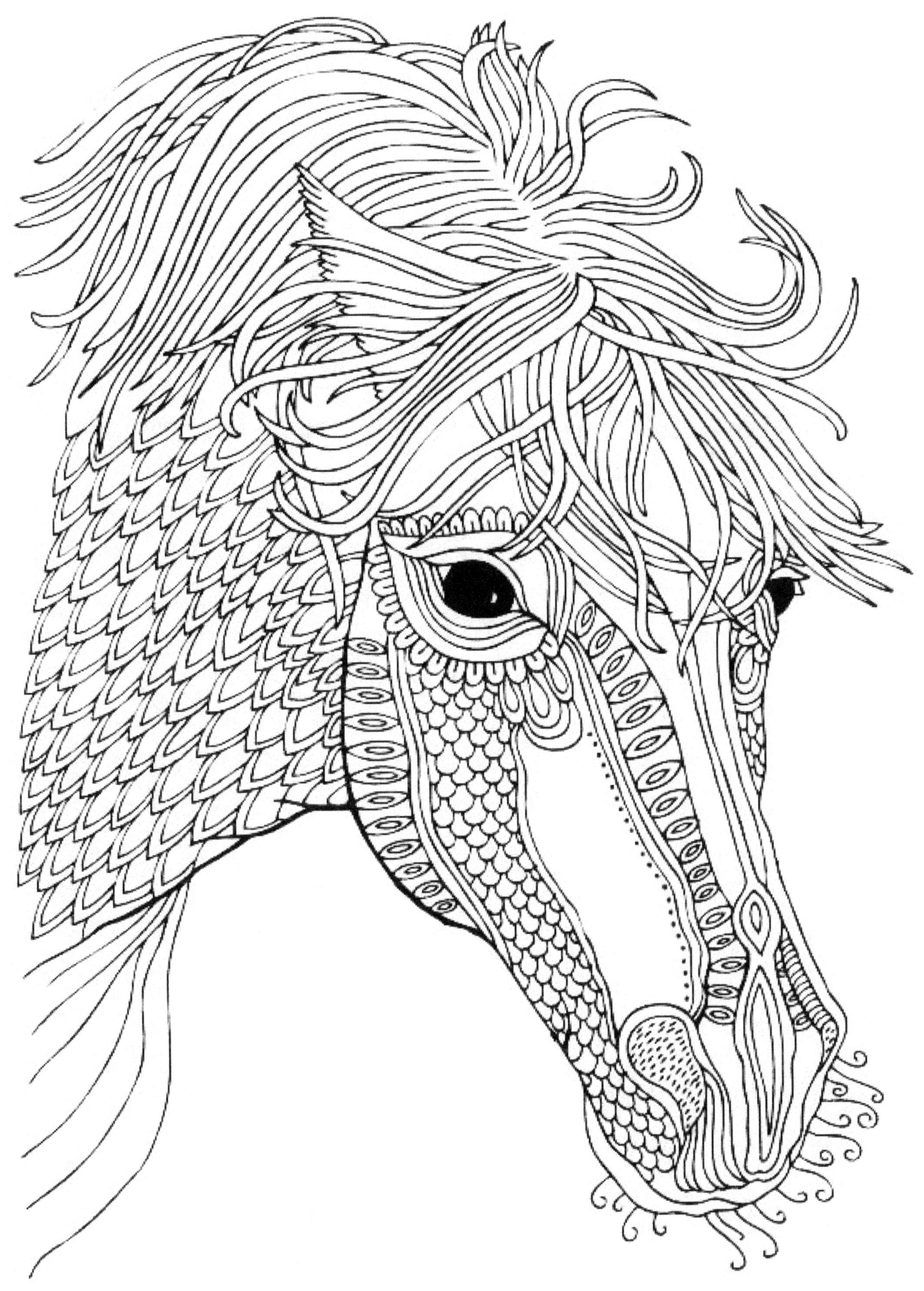

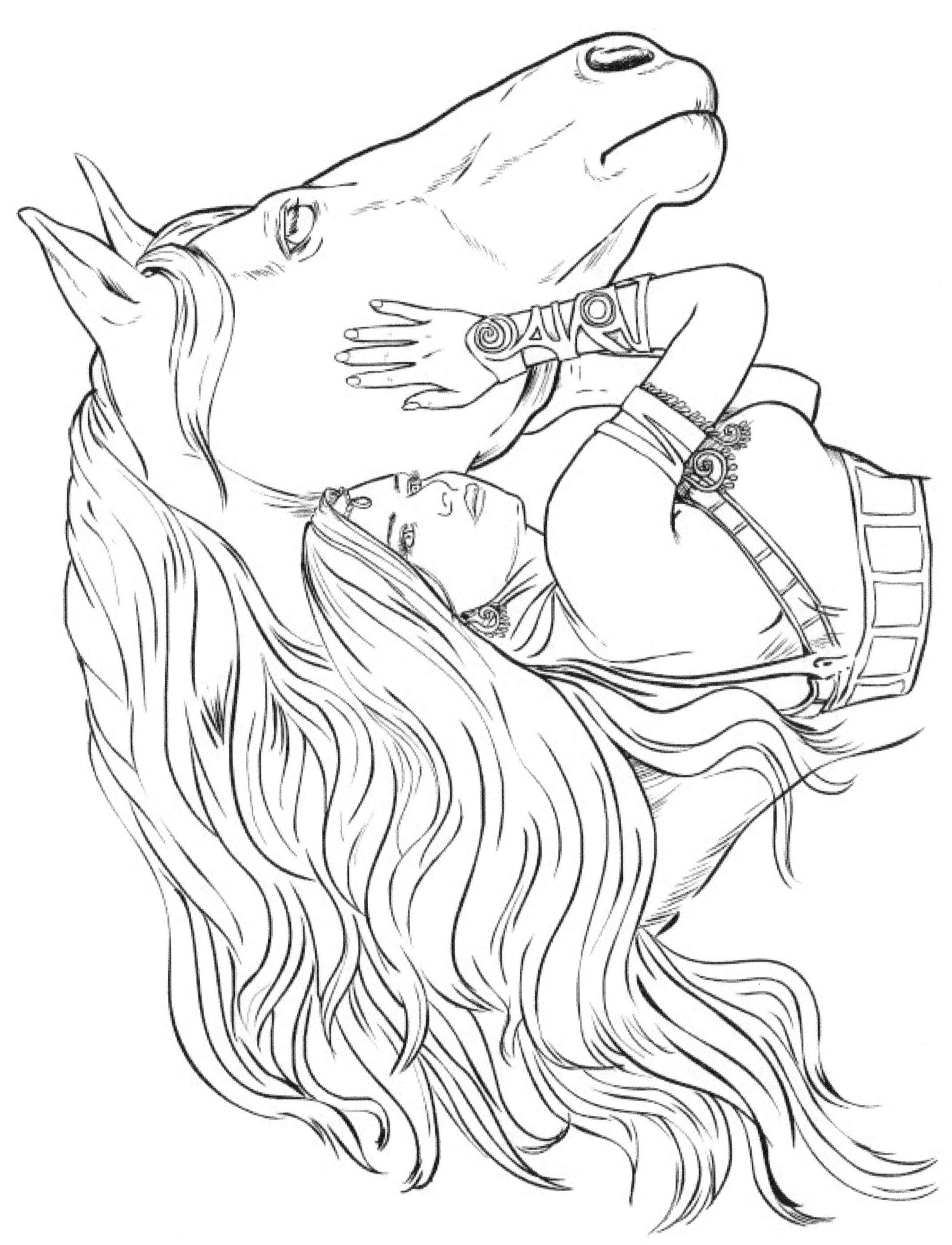

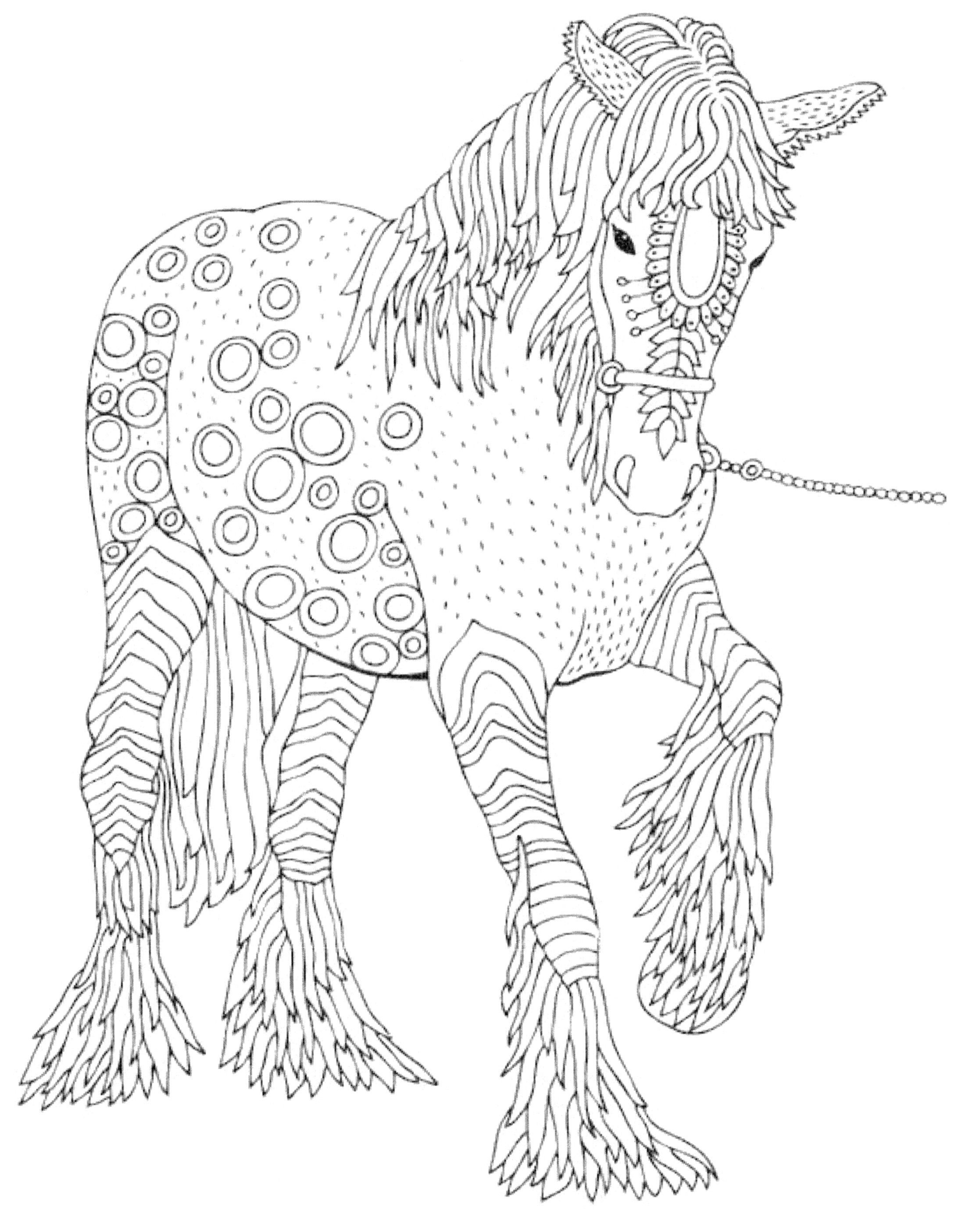

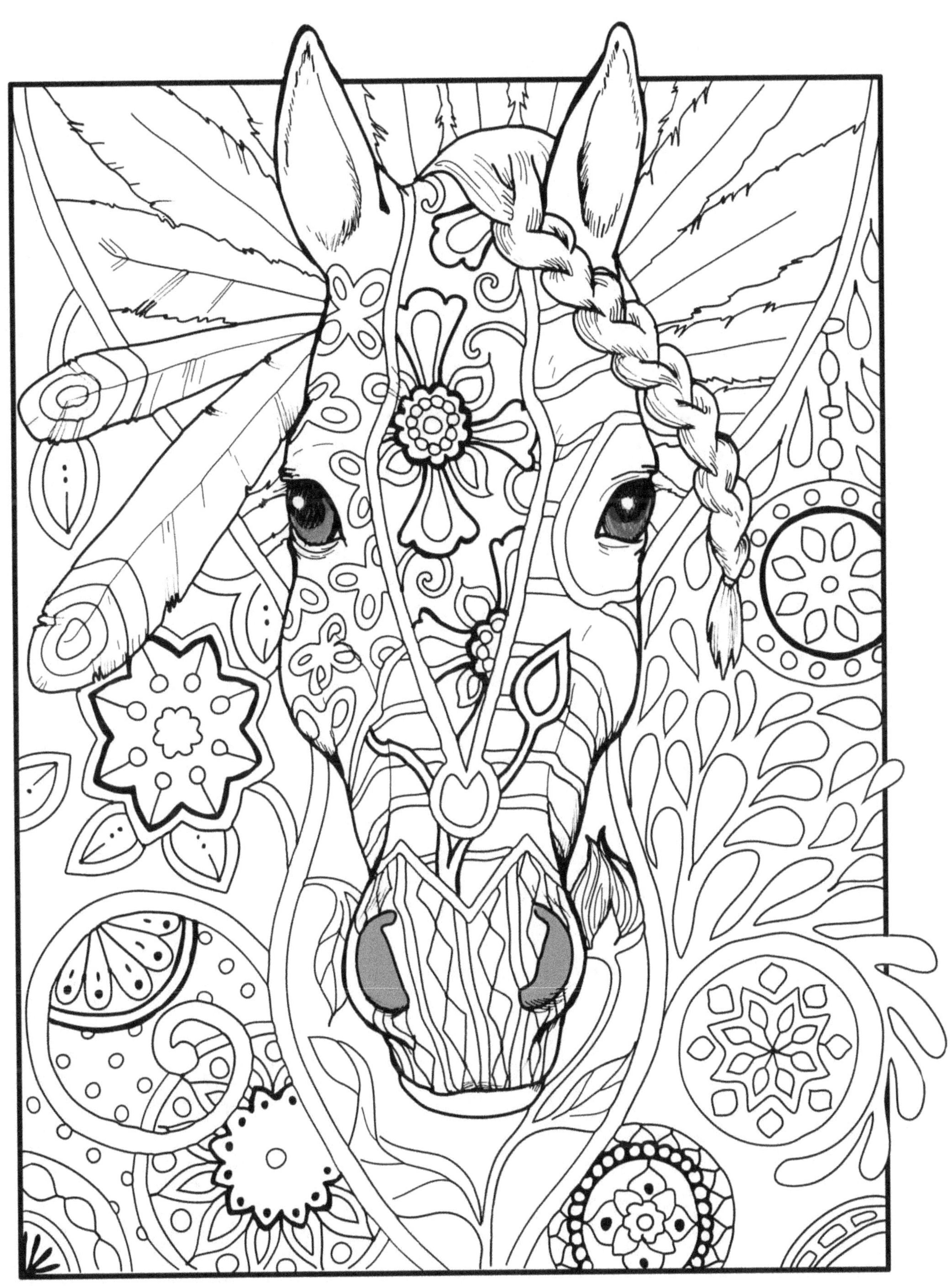

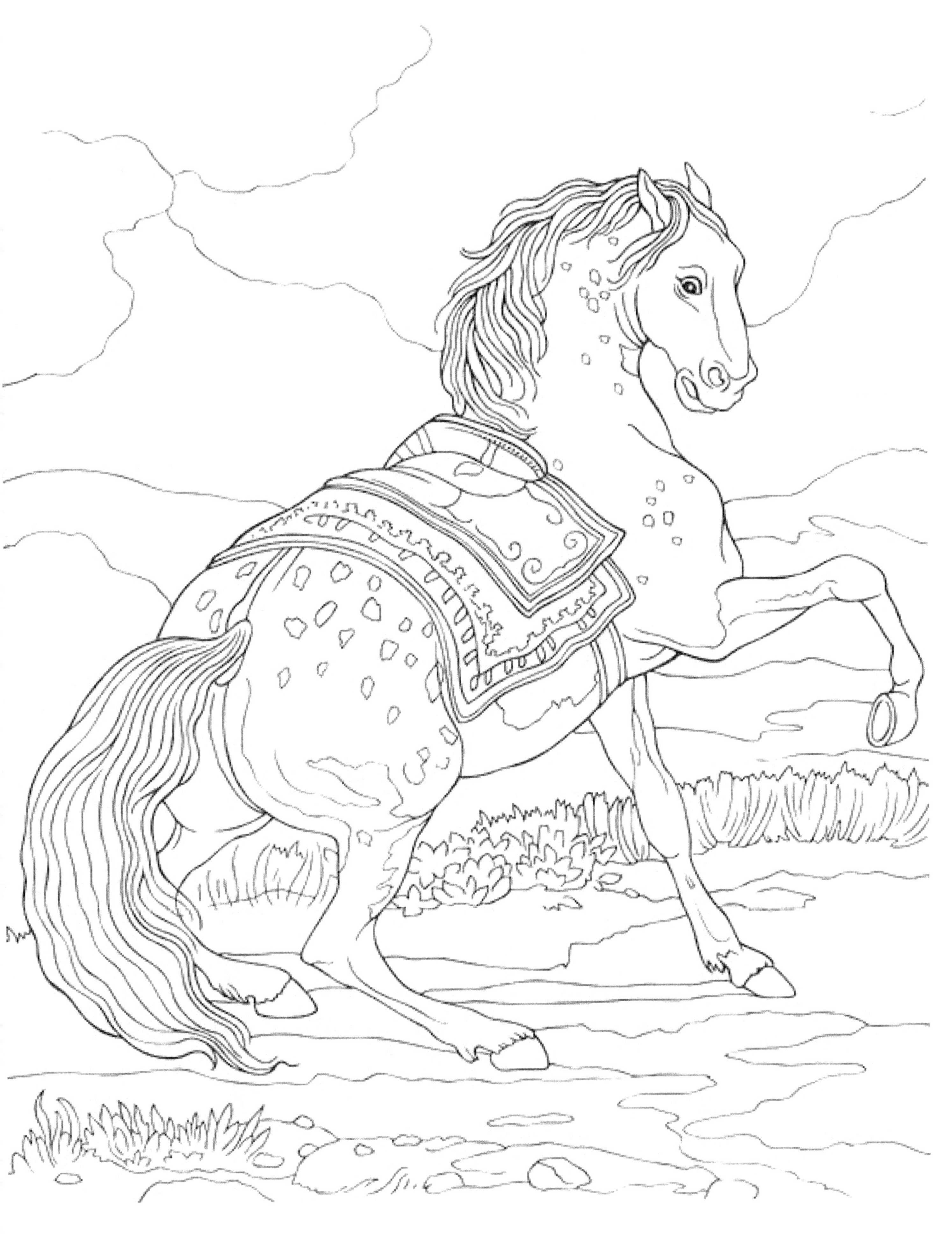

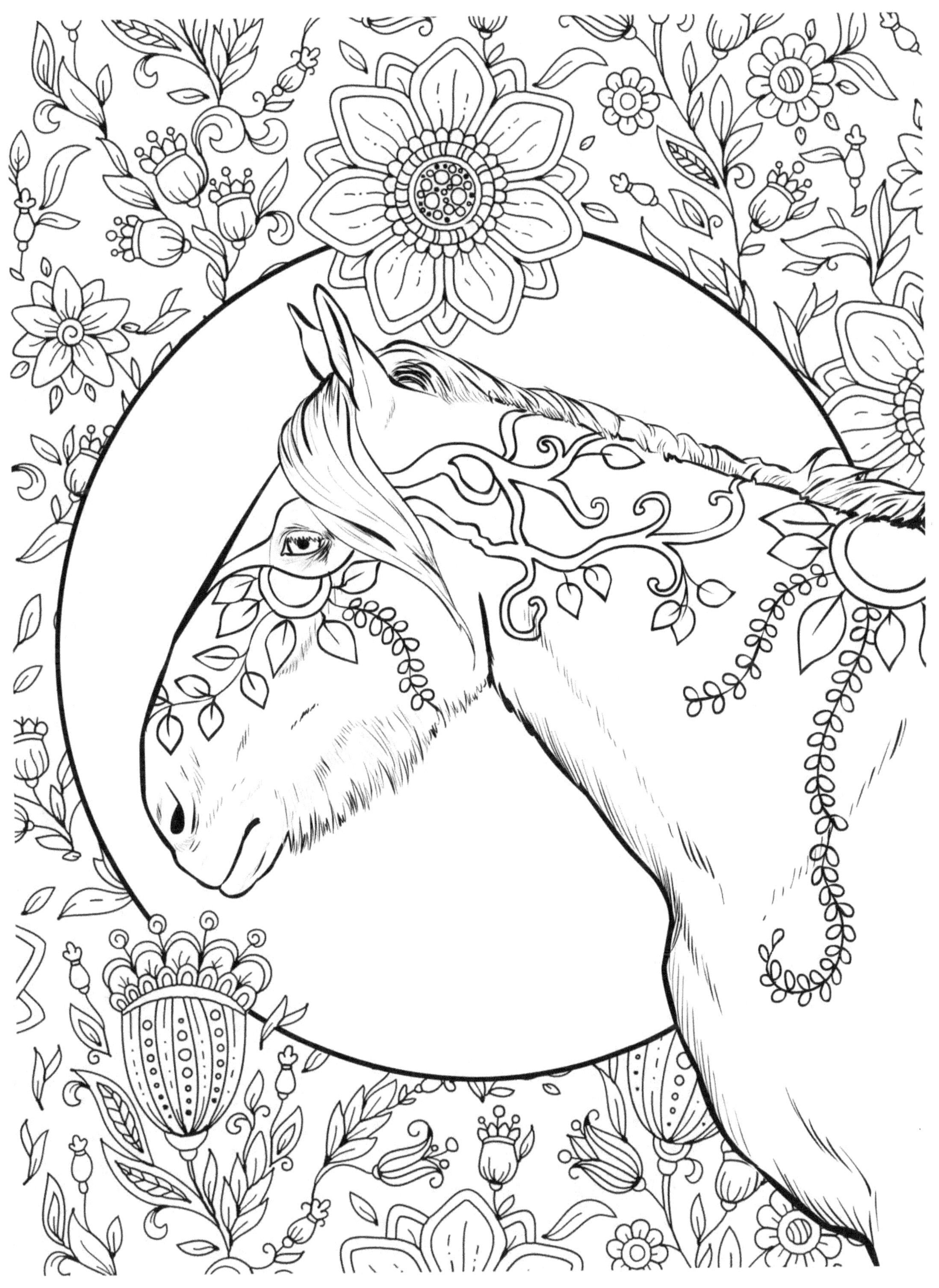

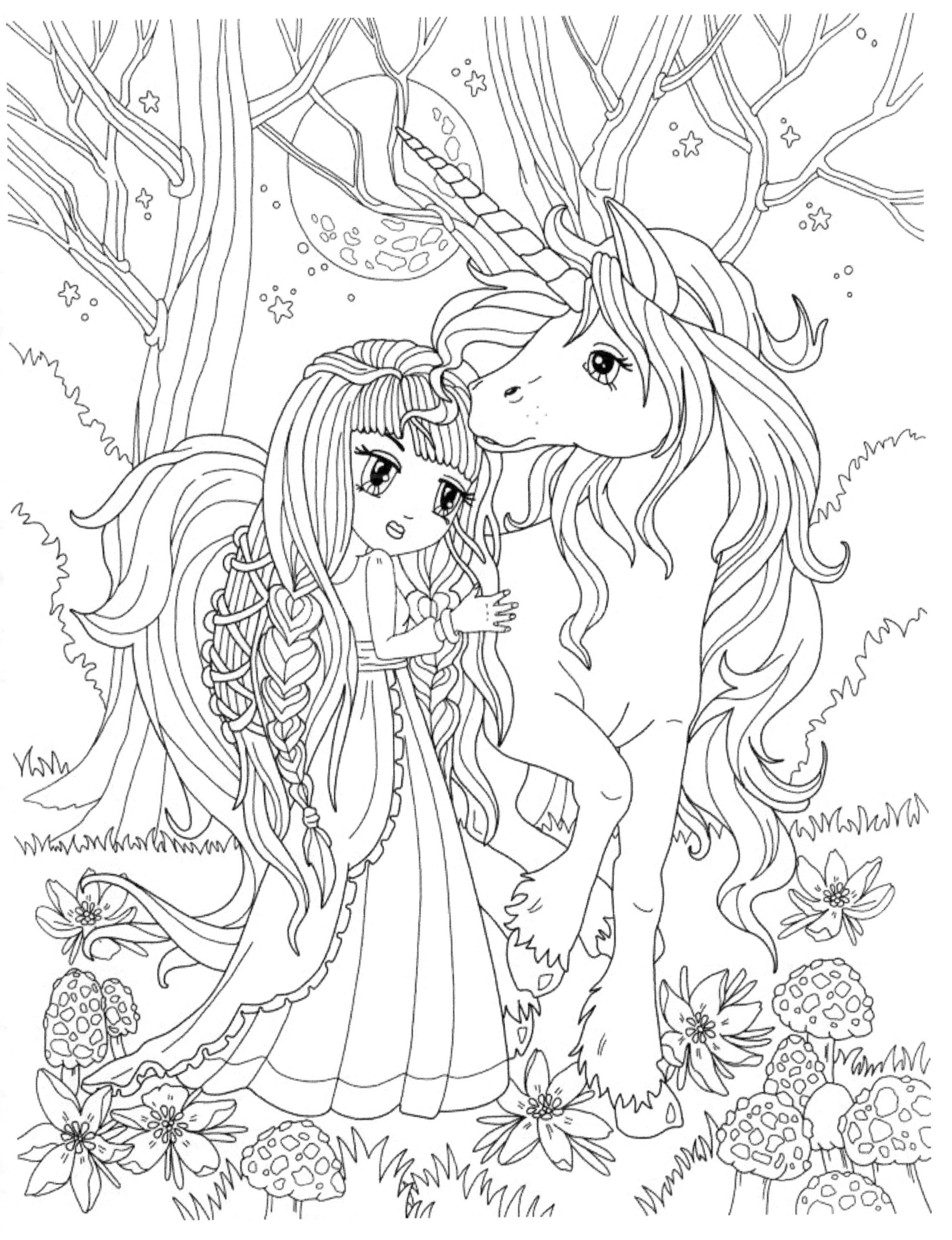

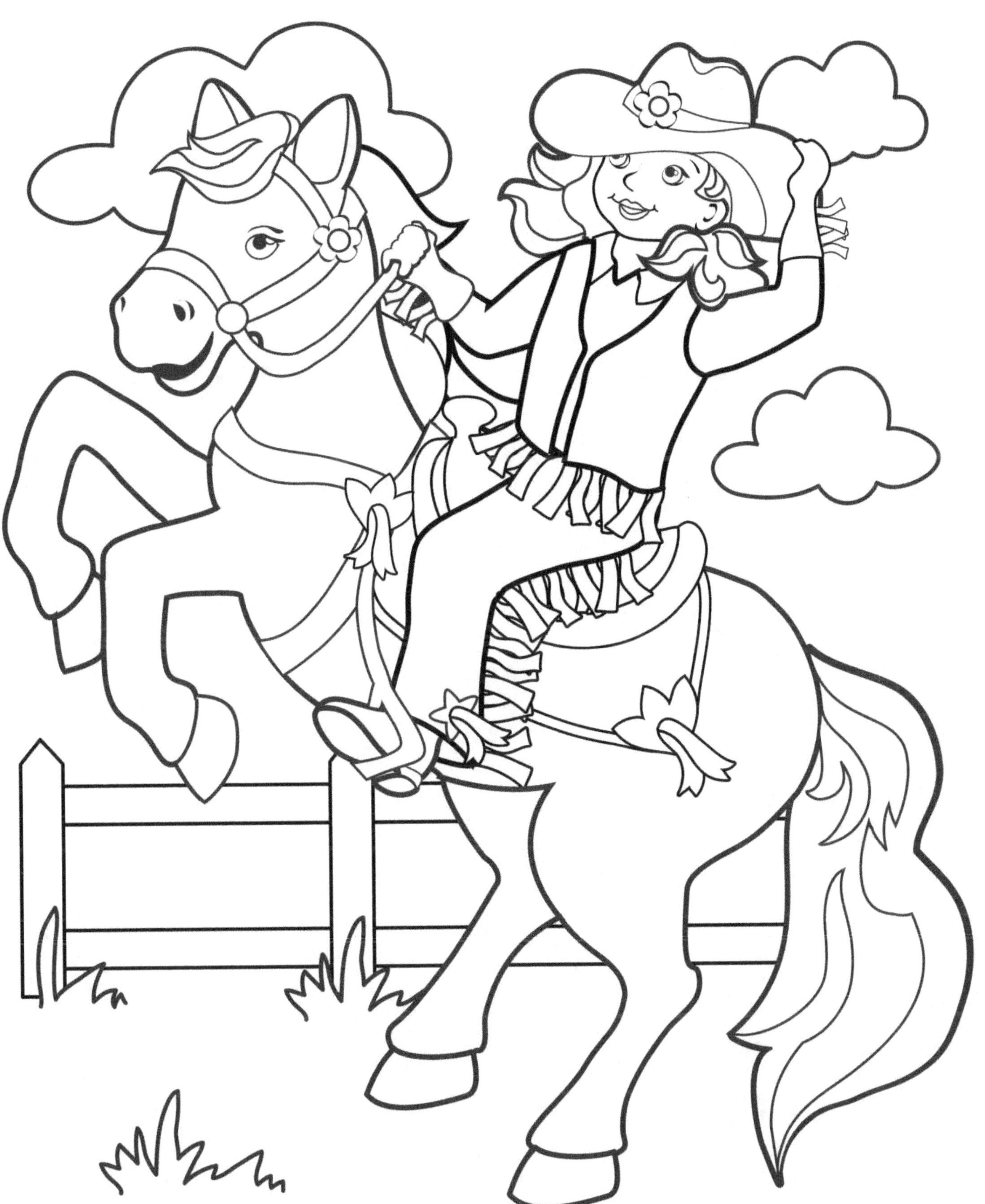

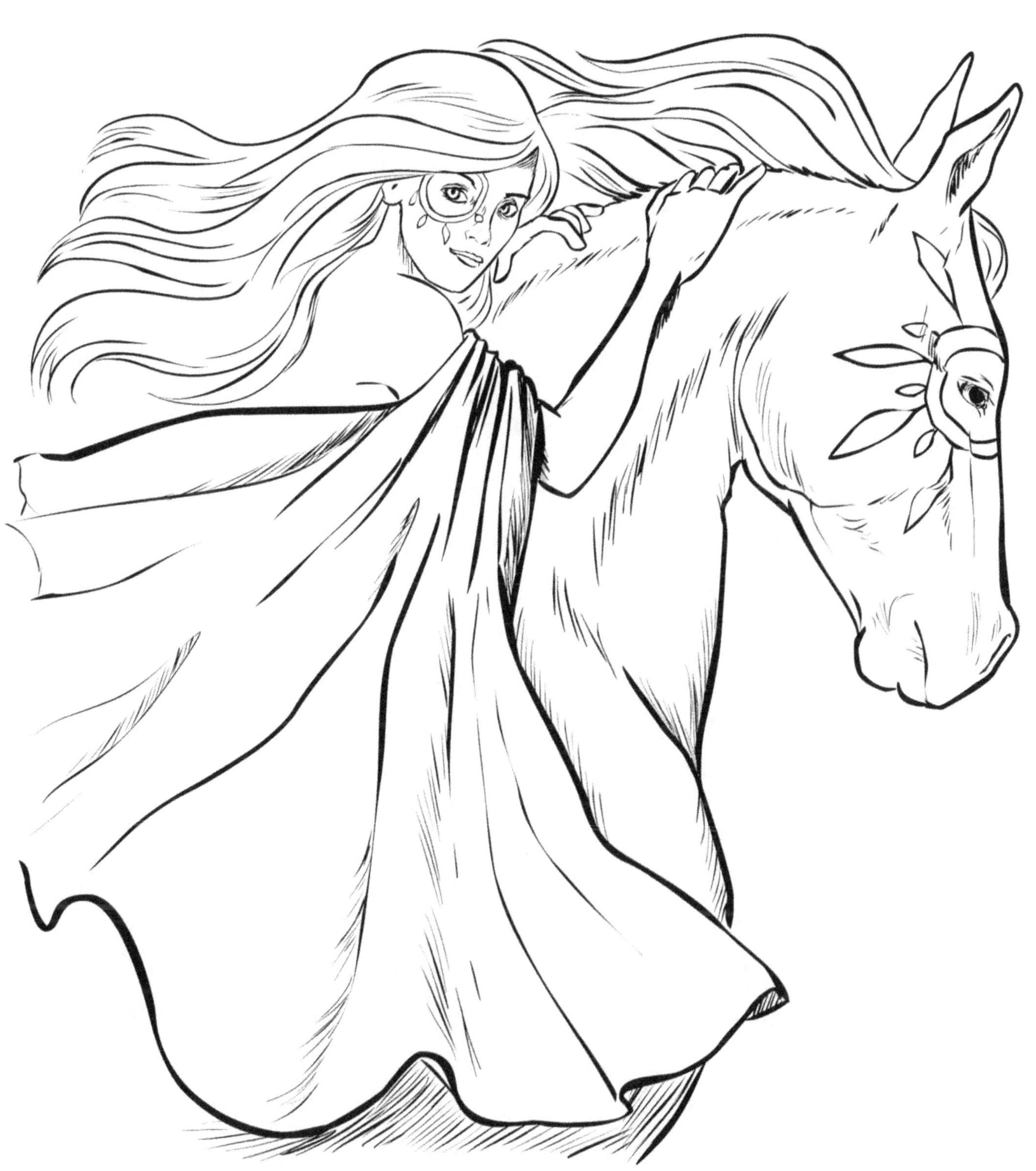

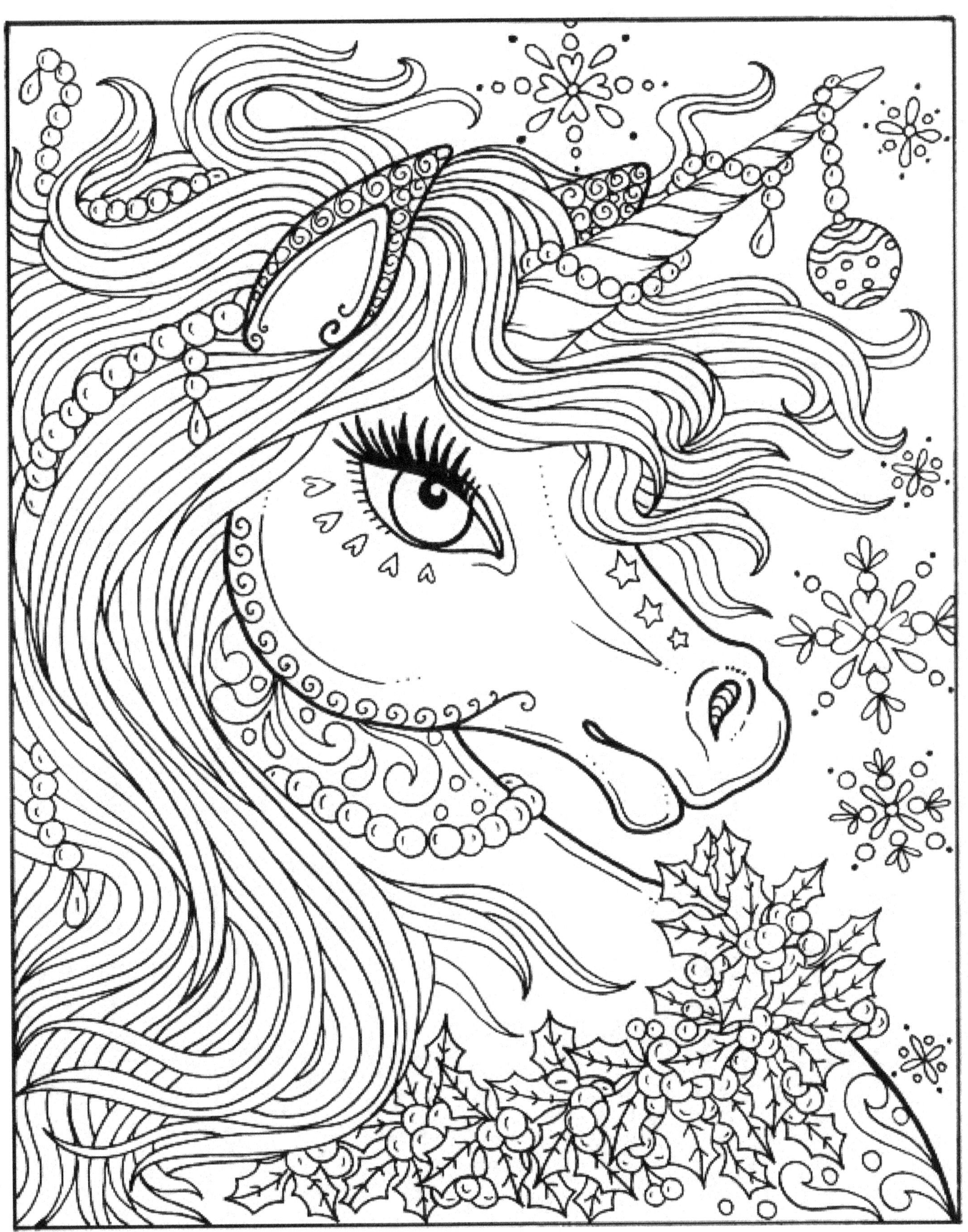

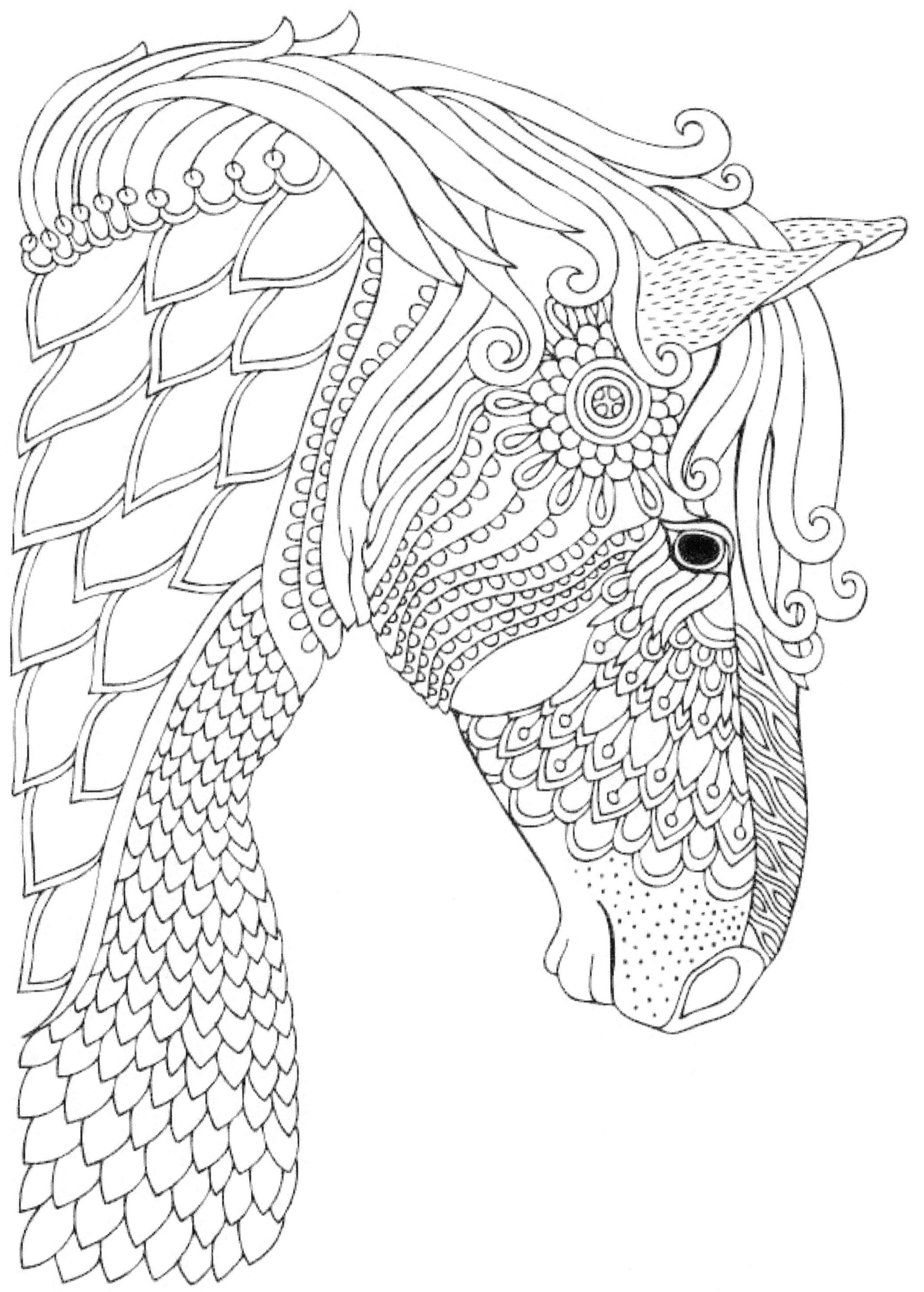

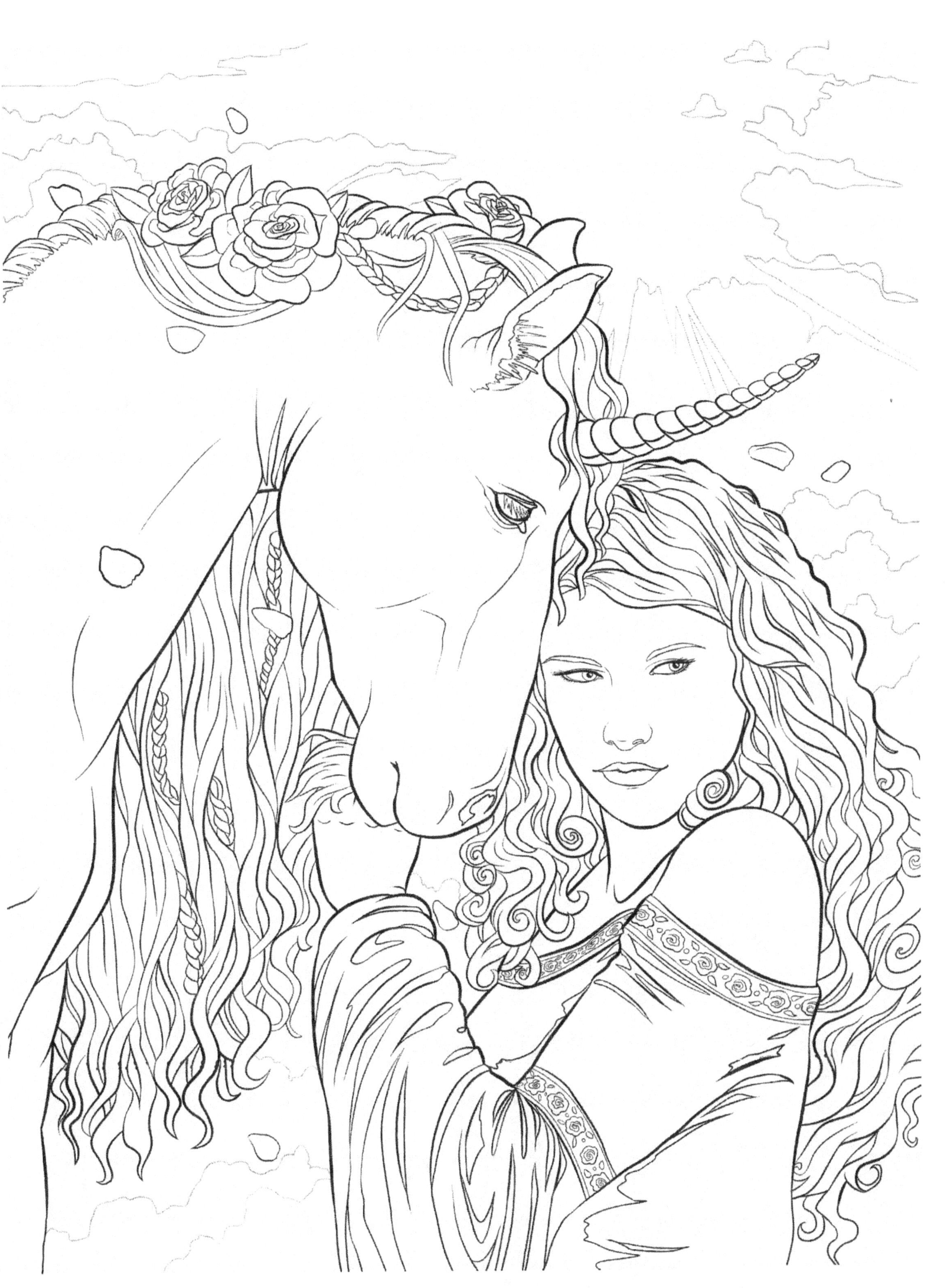

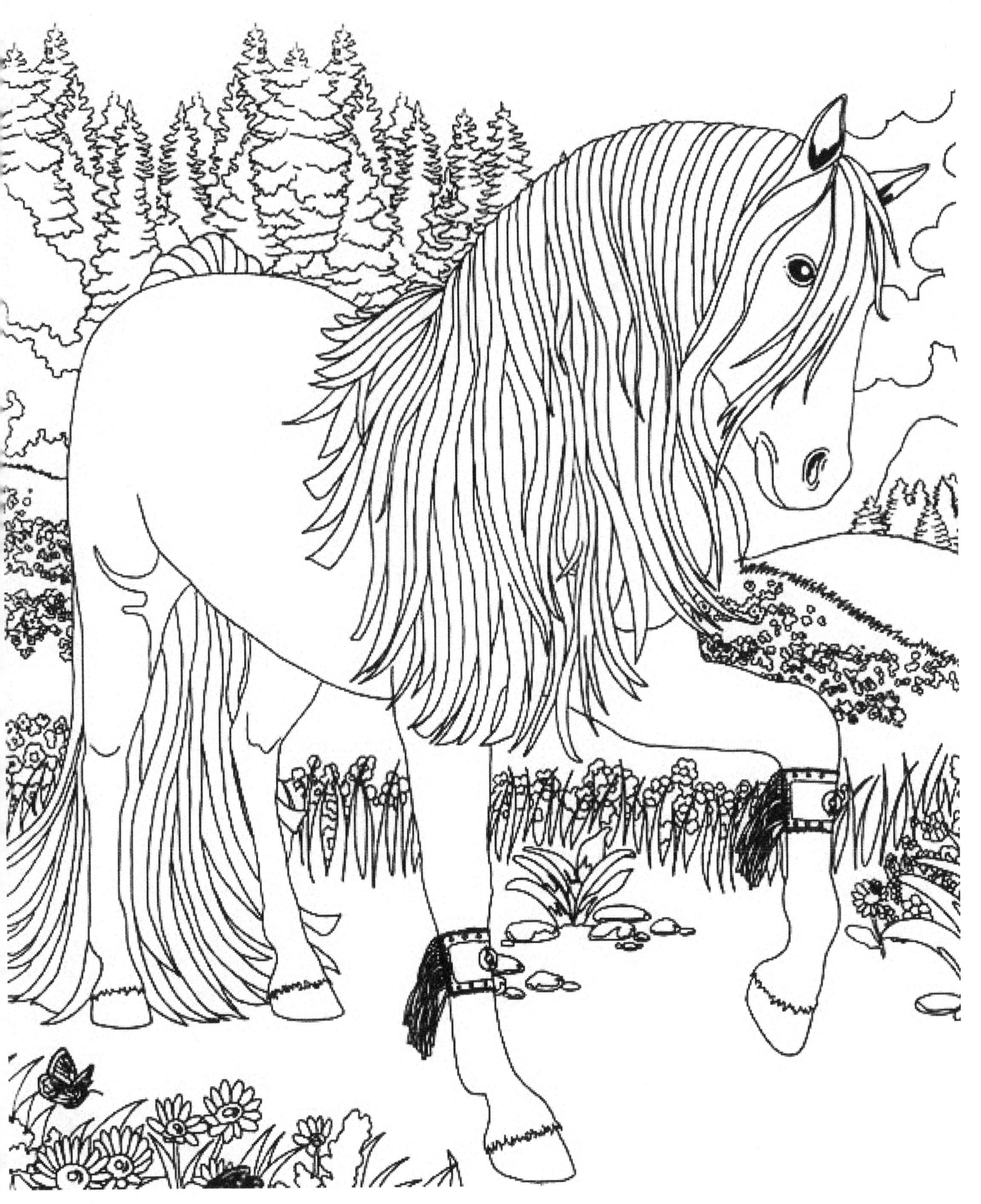

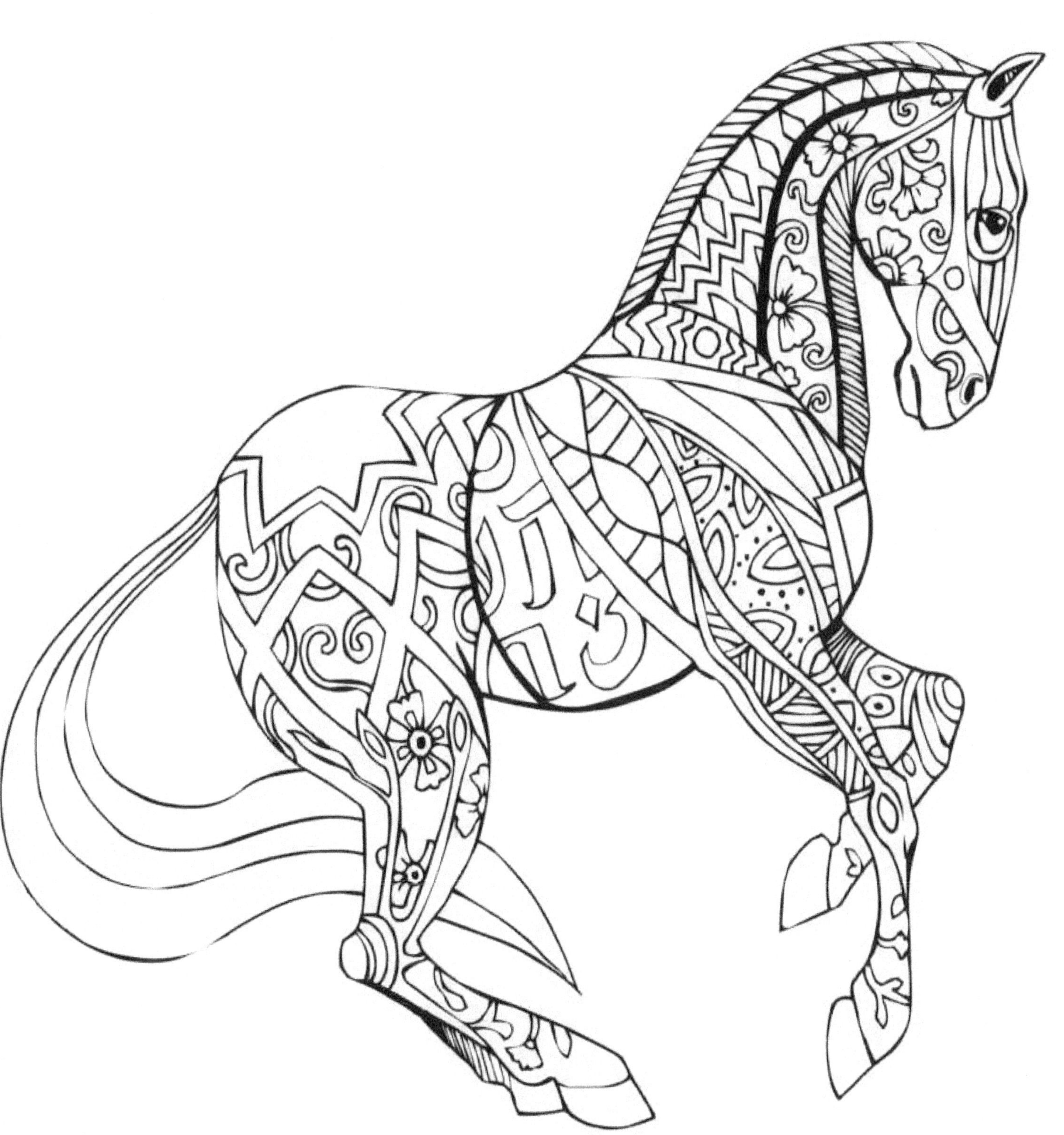

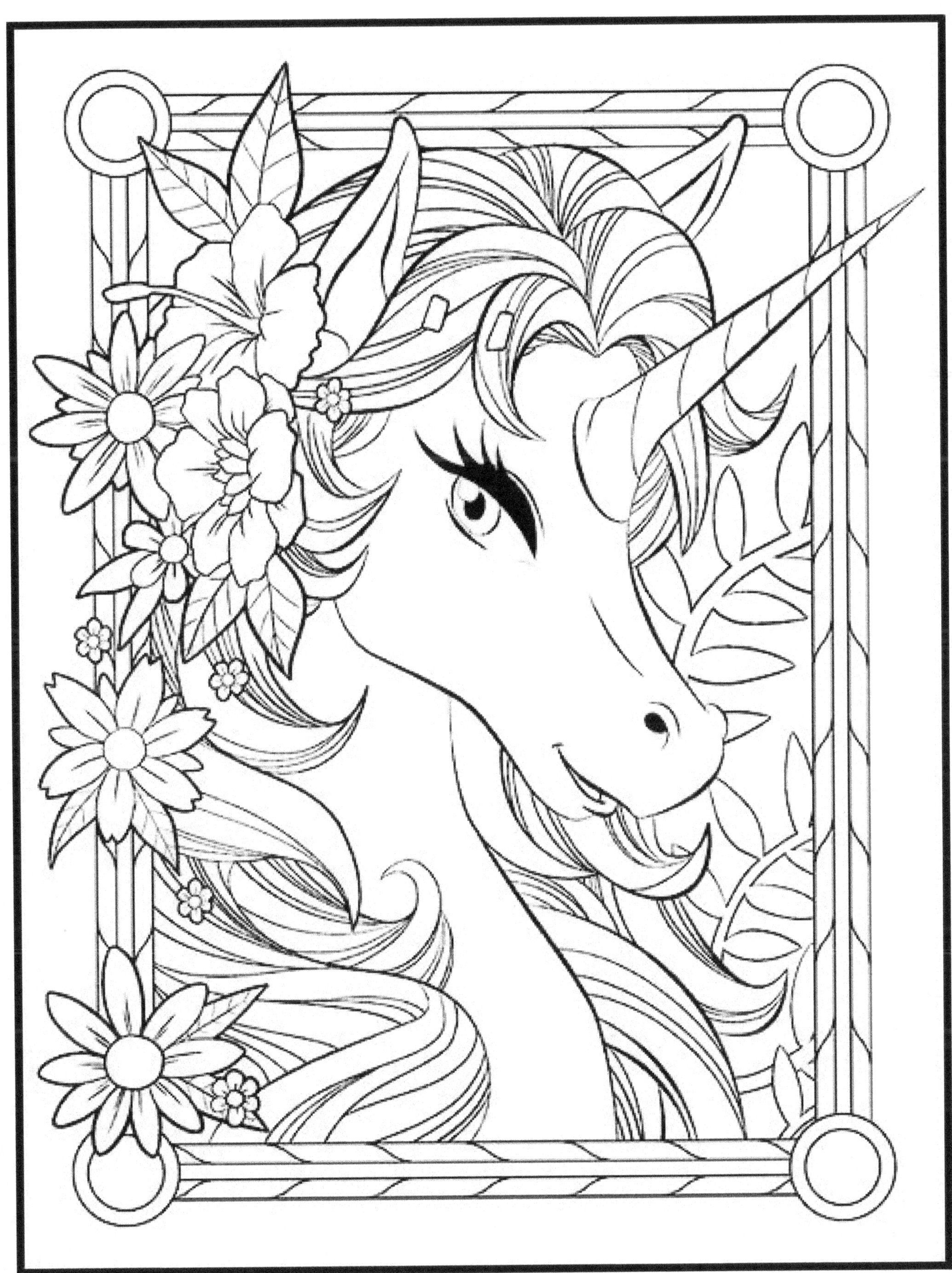

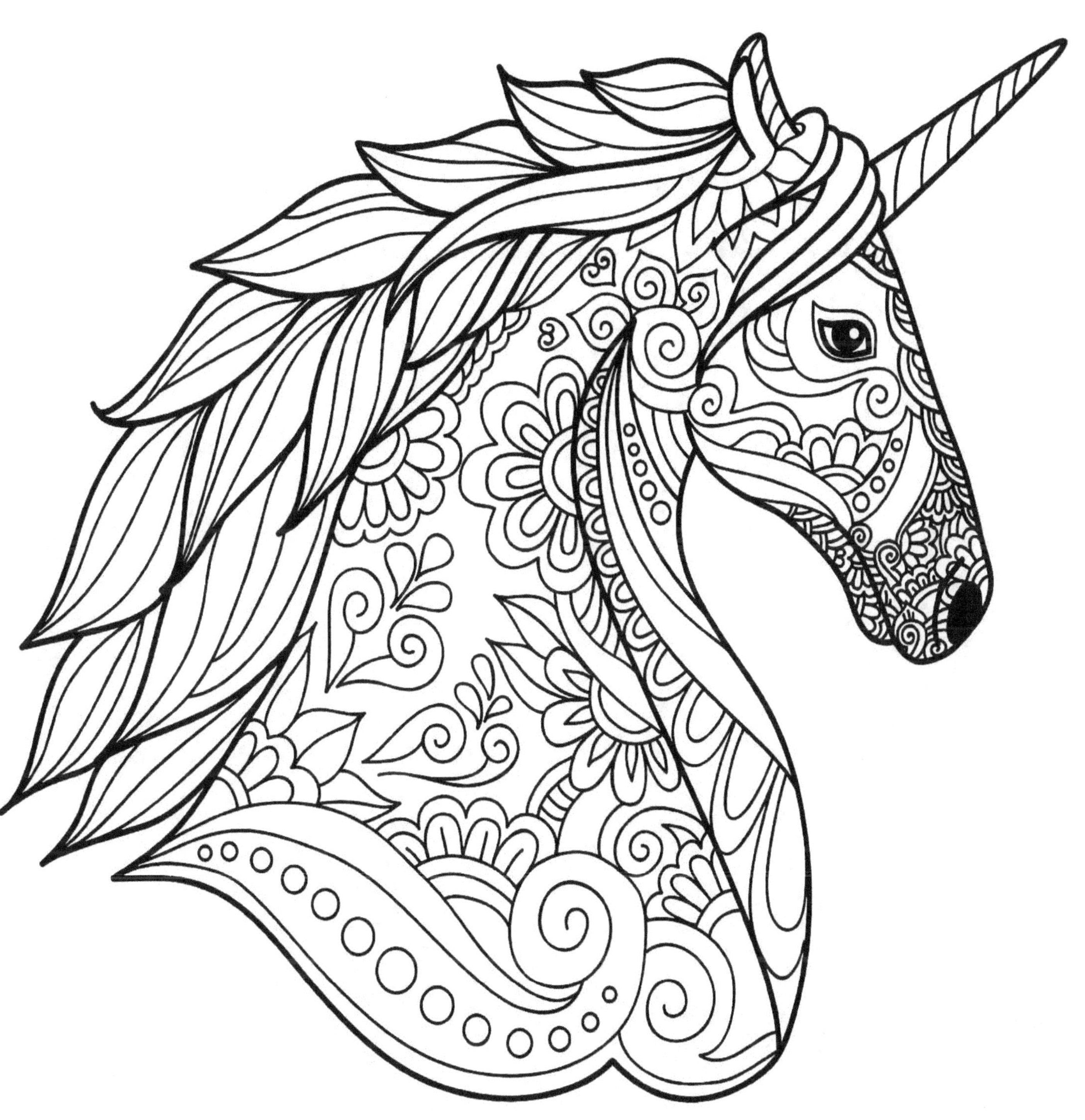

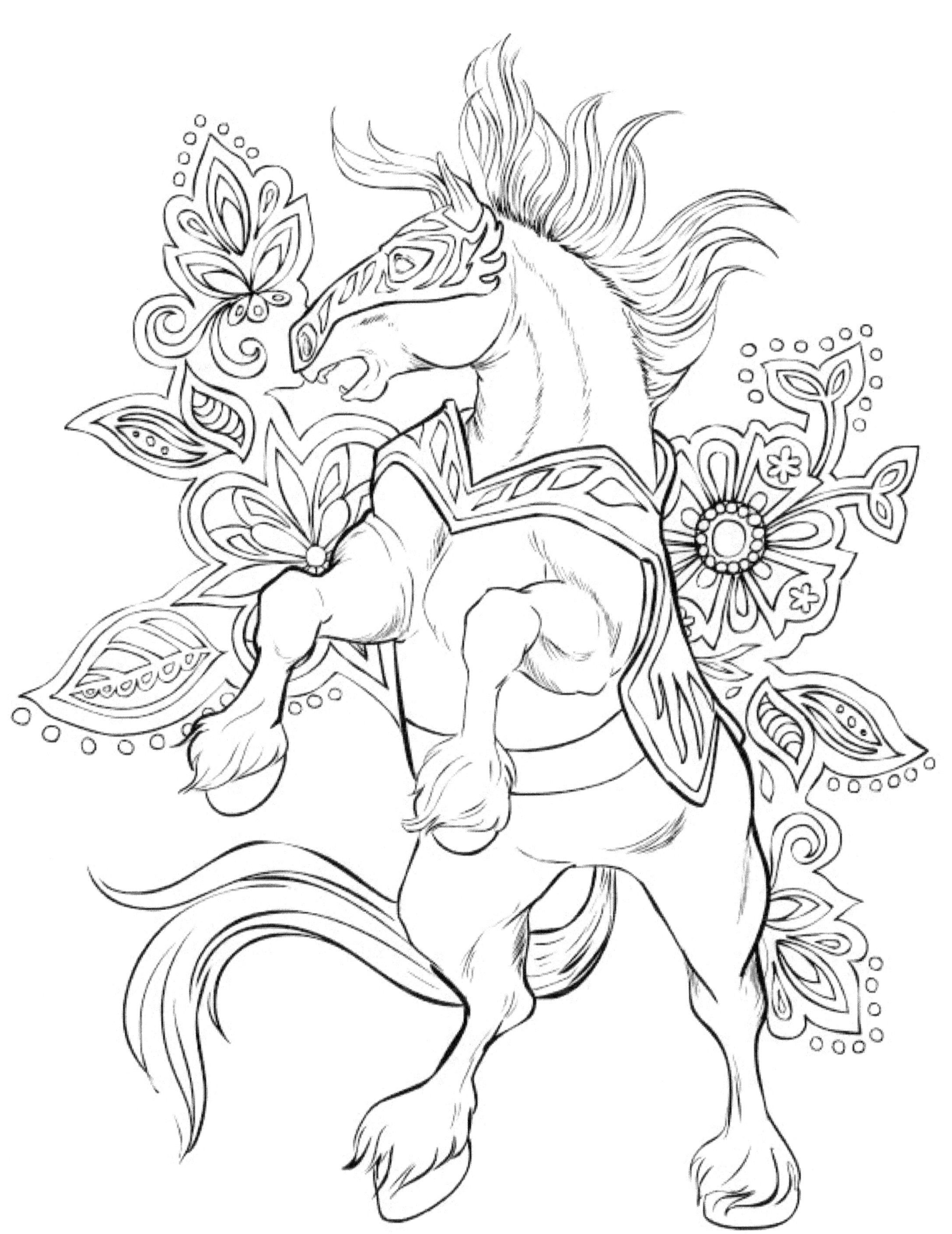

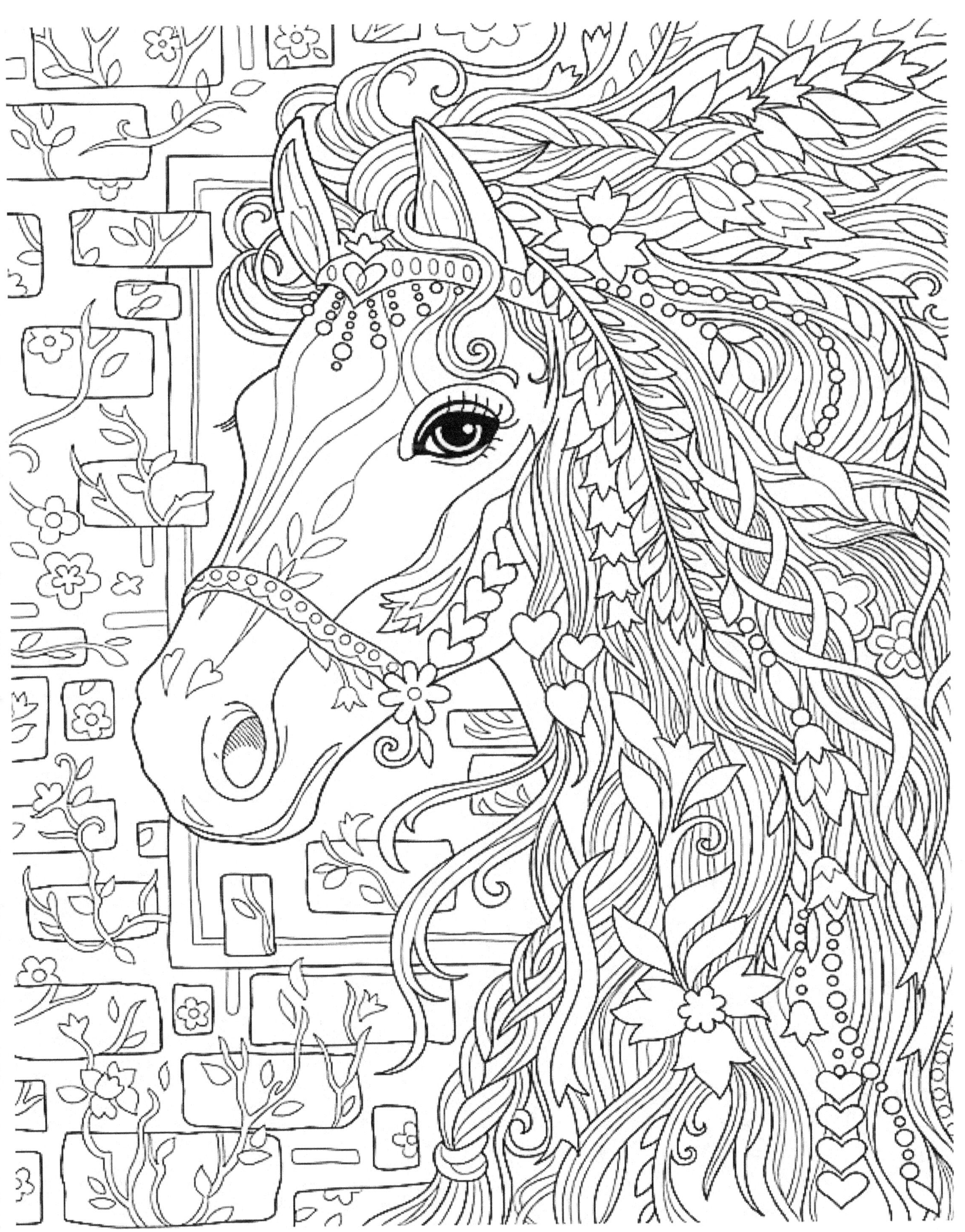

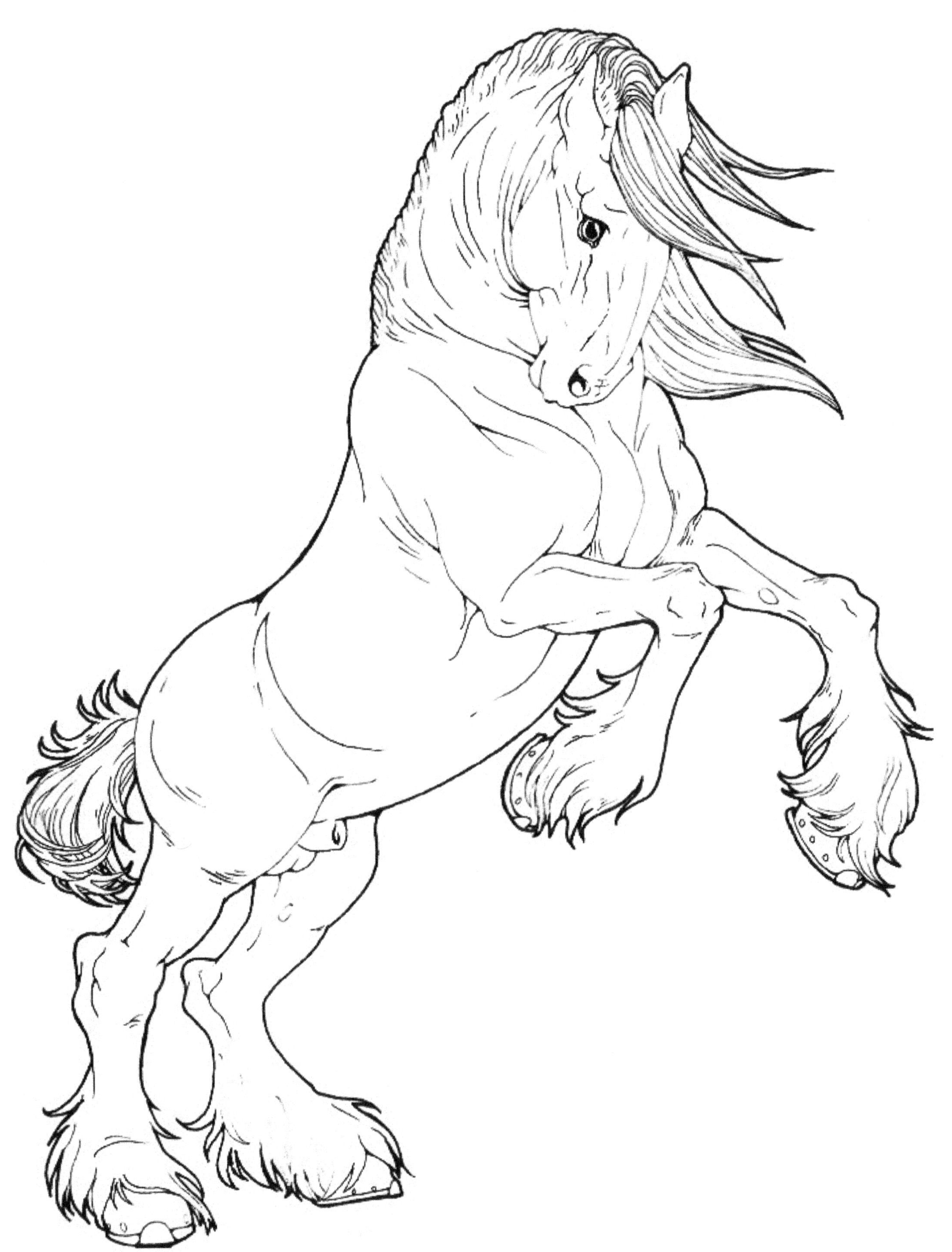

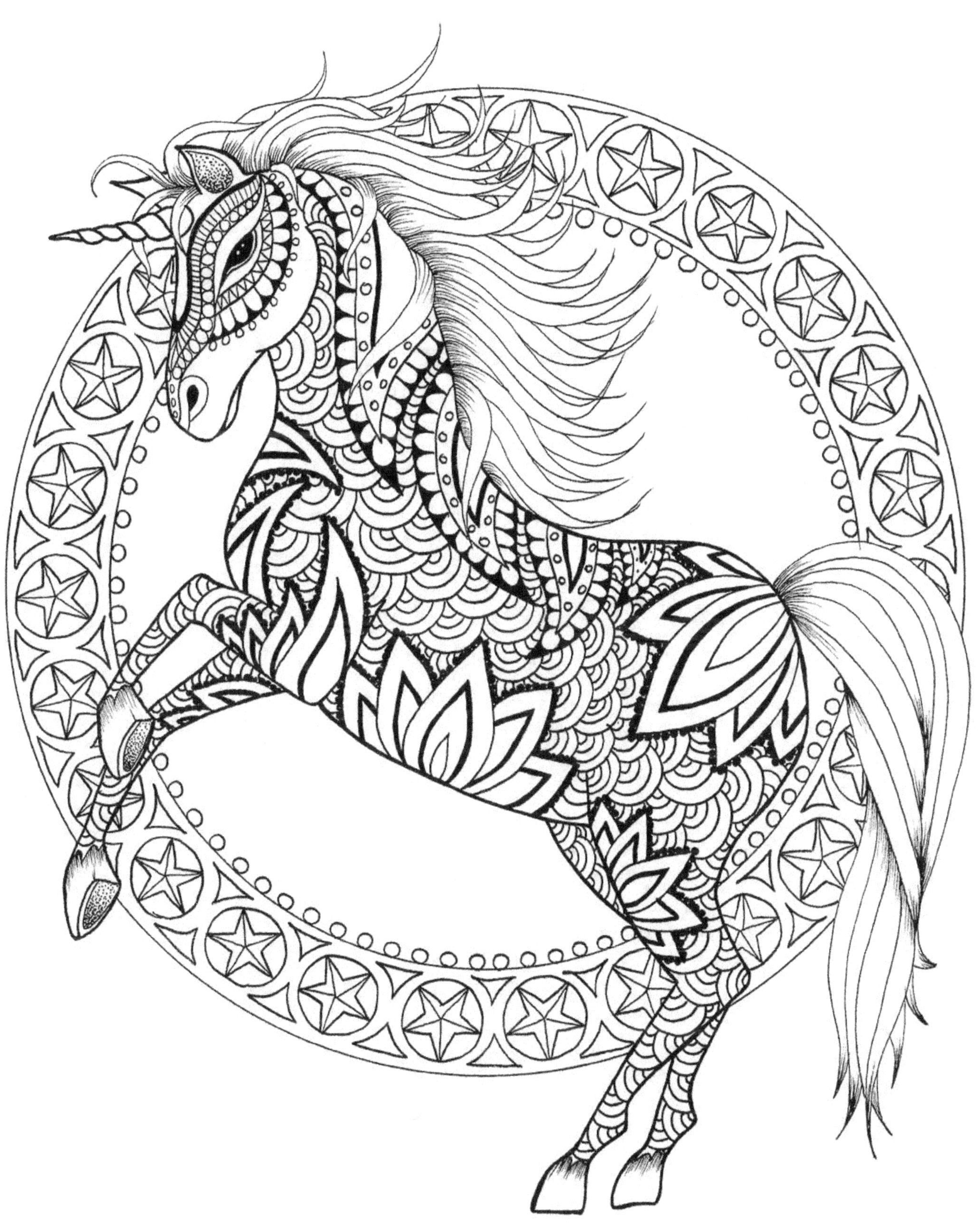

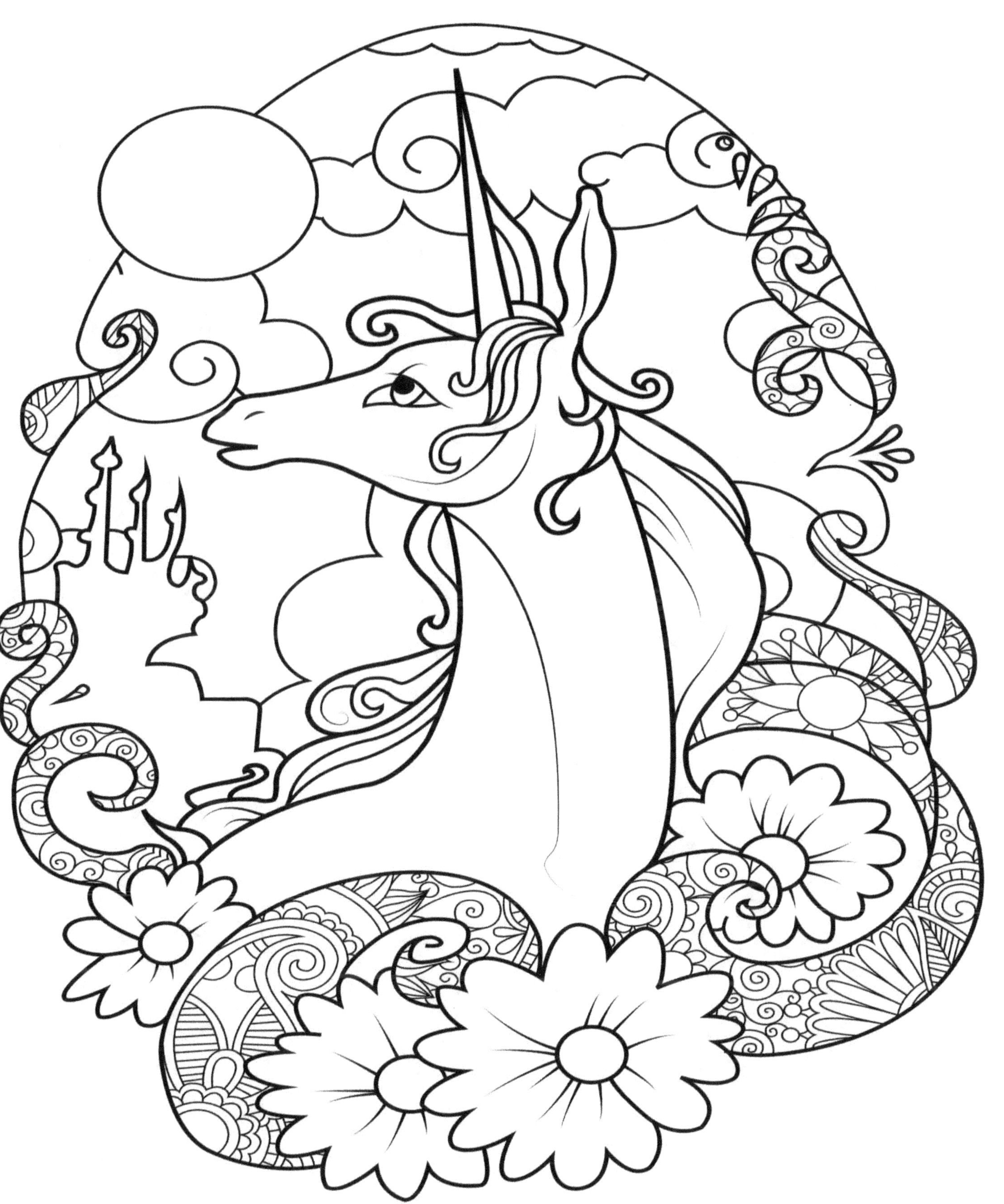

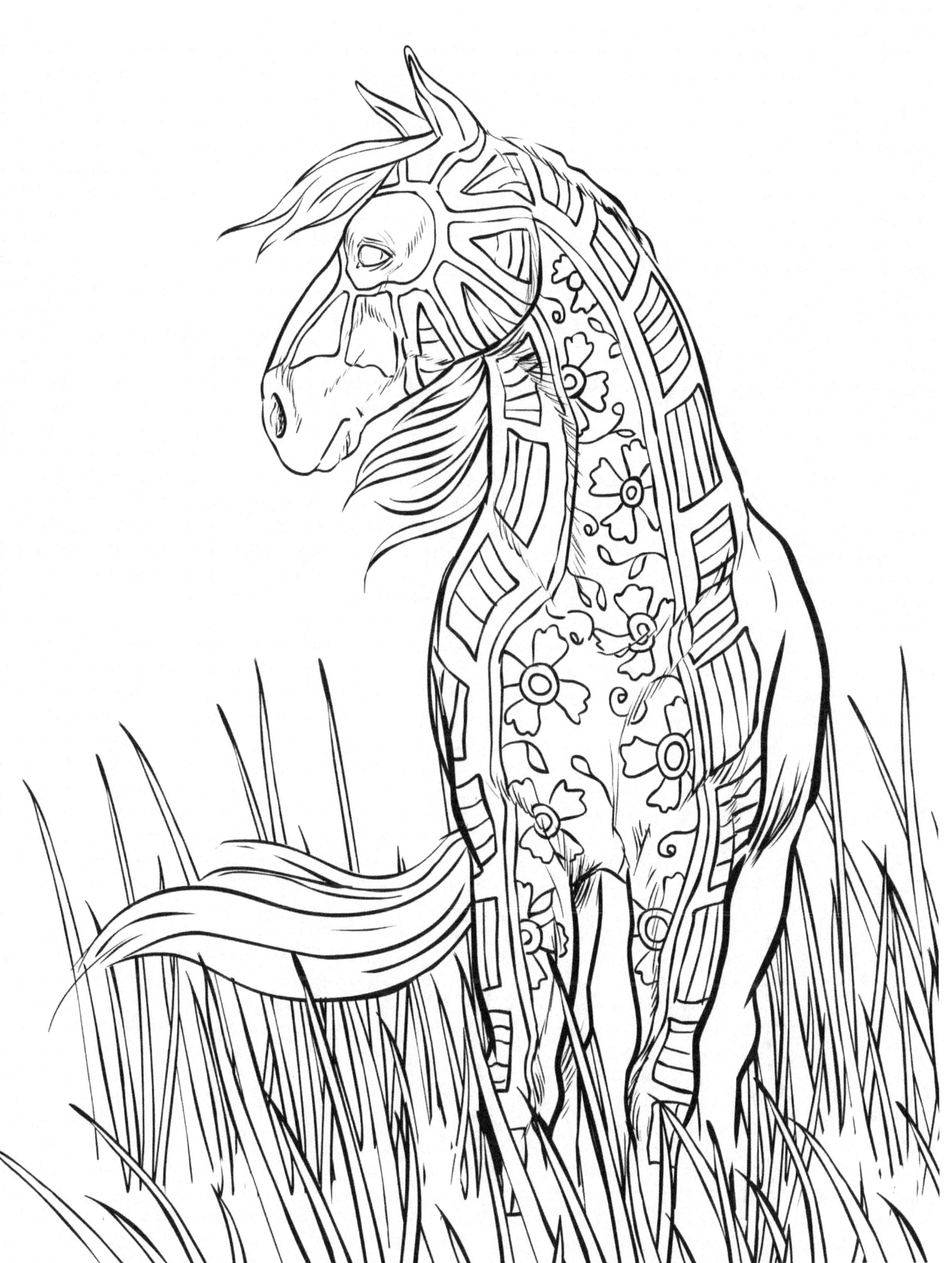

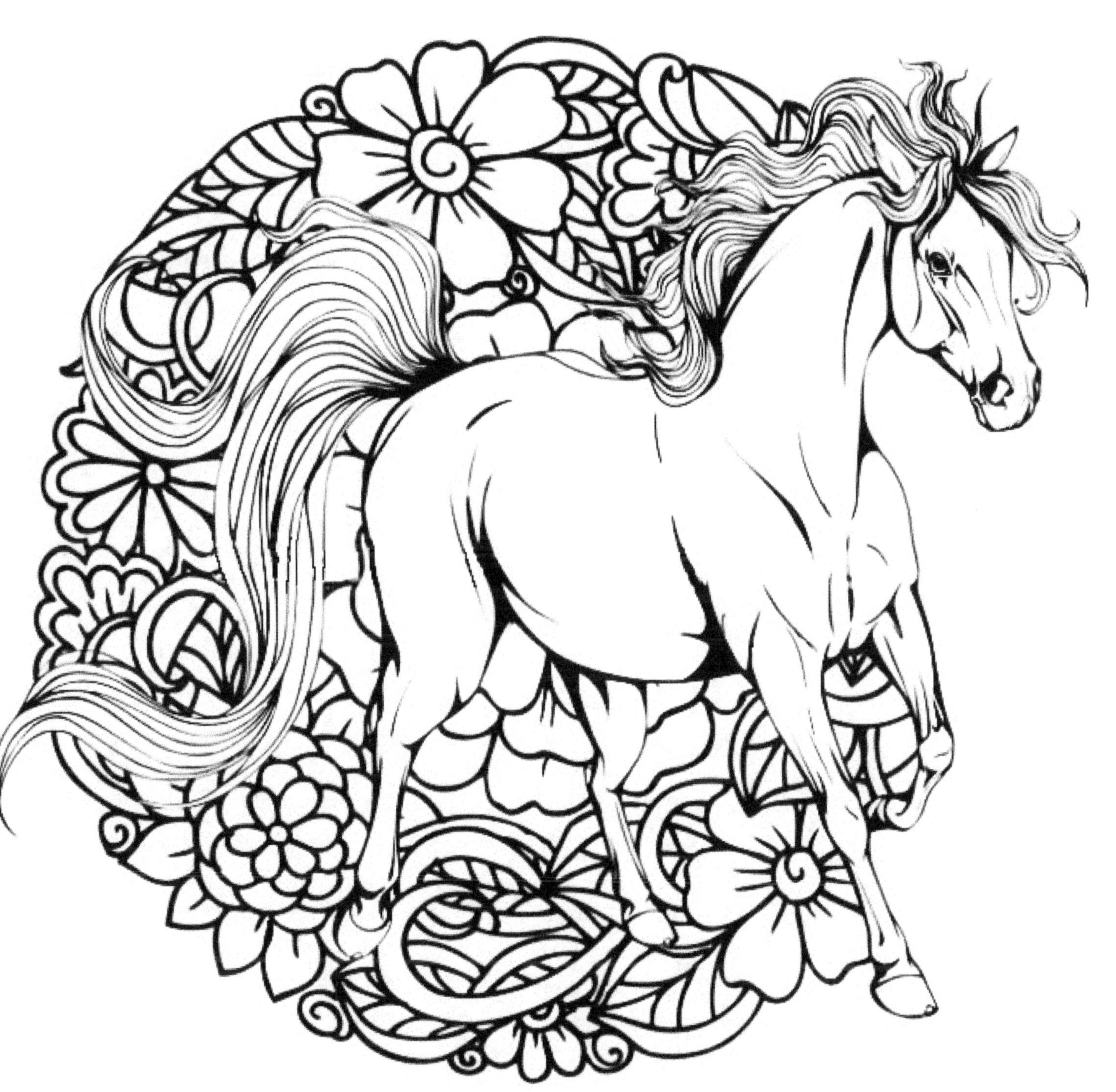

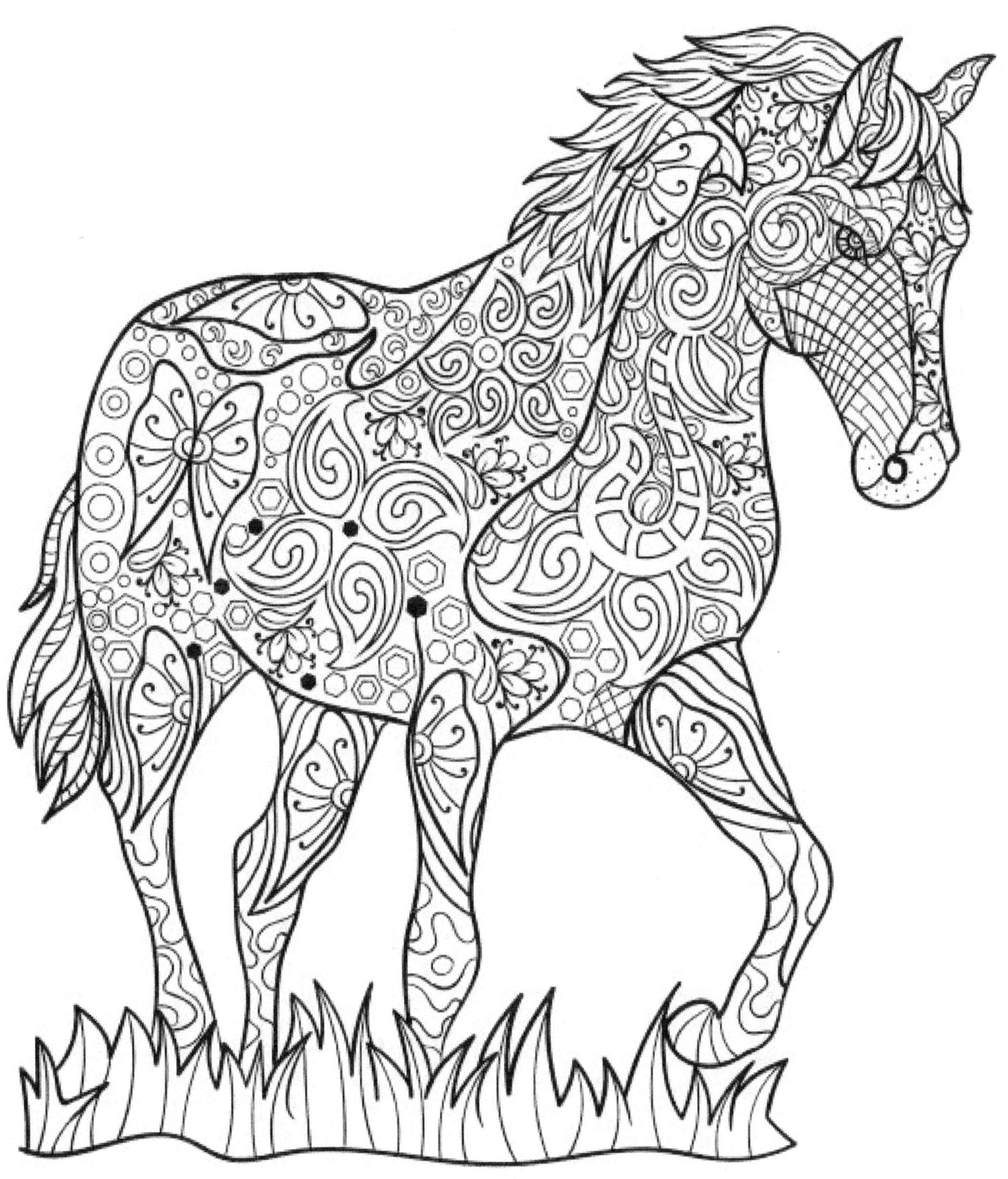

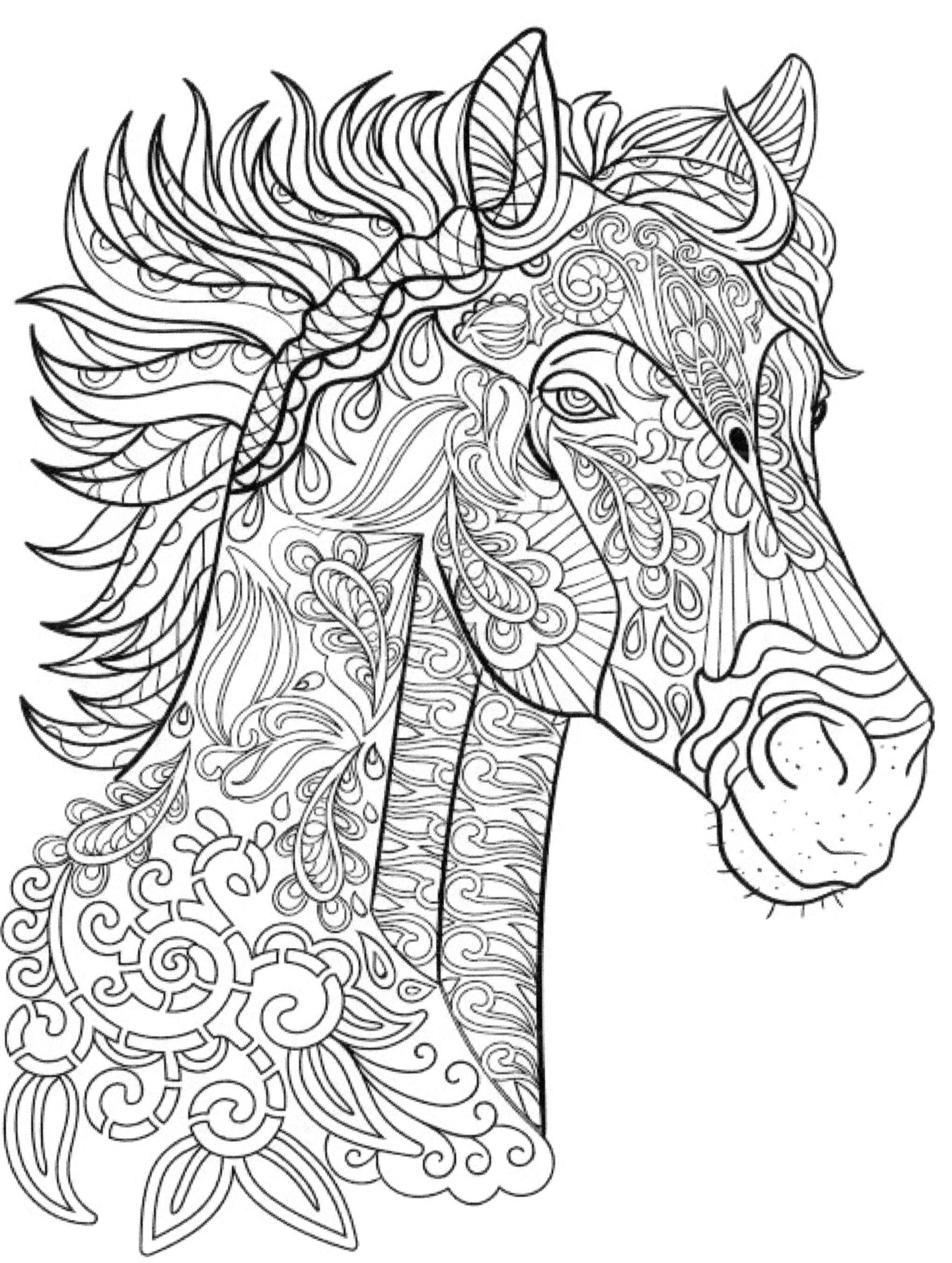

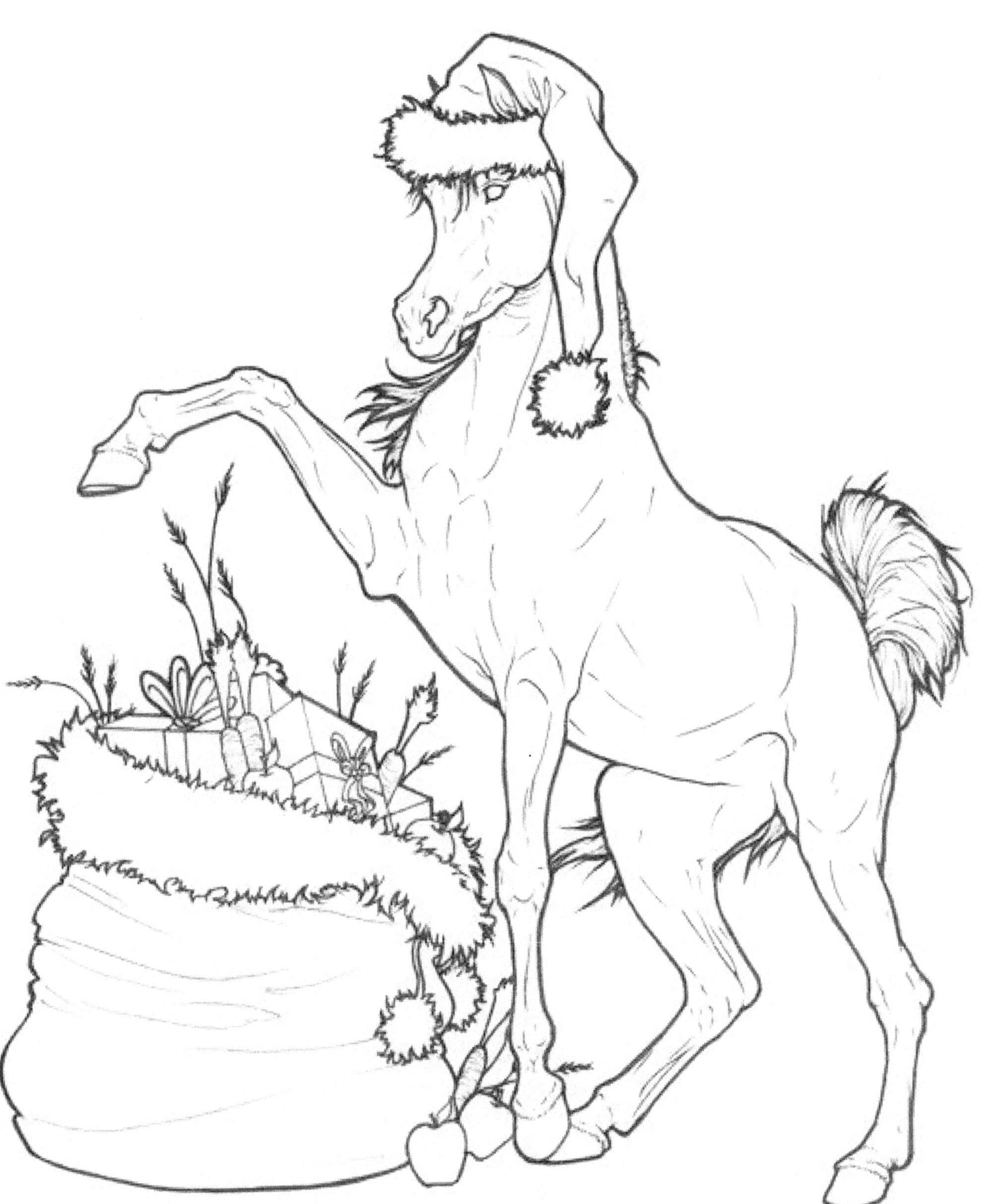

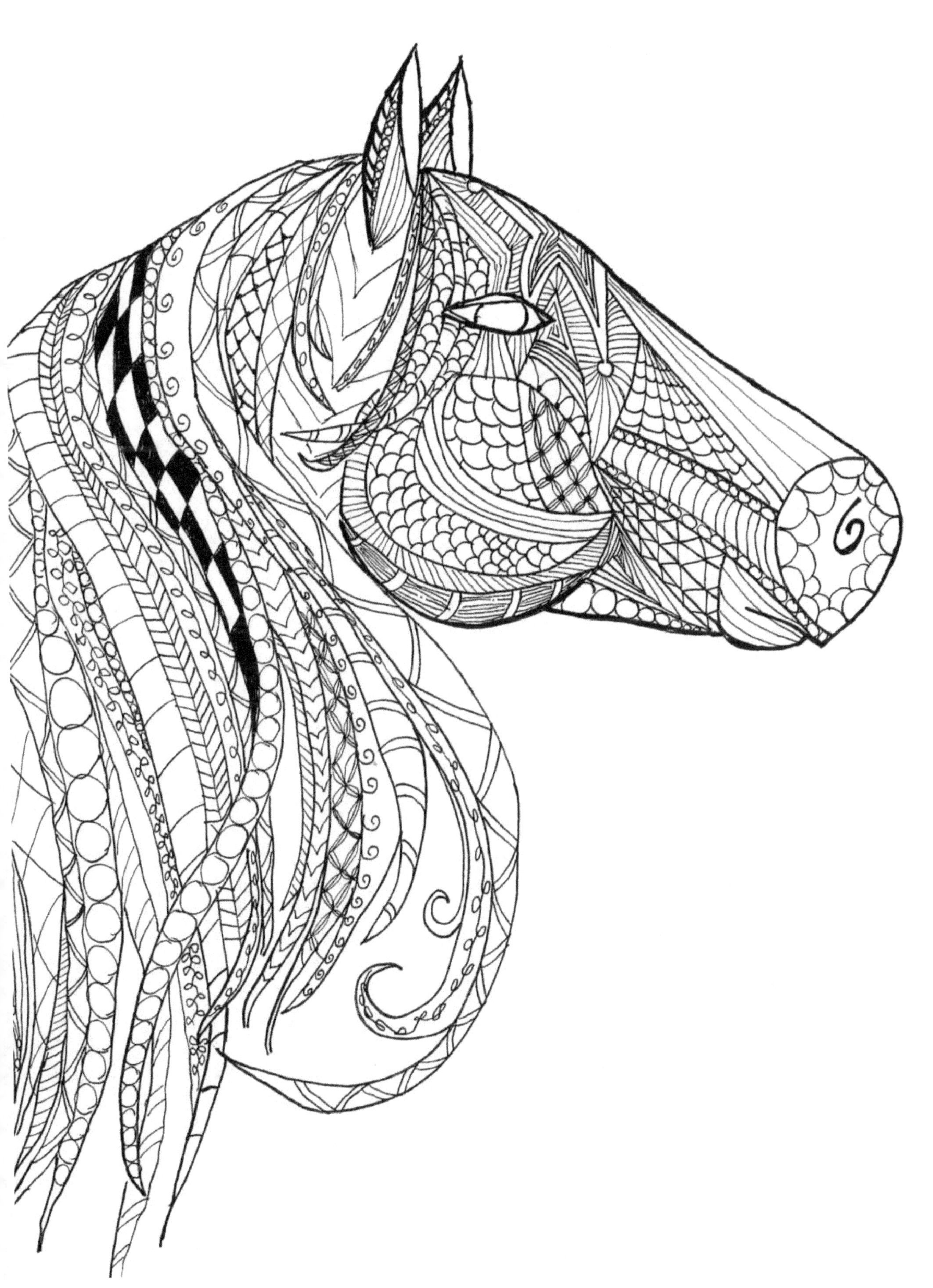